HISTOIRE
DE
TAIZÉ

JEAN-CLAUDE ESCAFFIT
MOÏZ RASIWALA

HISTOIRE DE TAIZÉ

ÉDITIONS DU SEUIL
25, bd Romain-Rolland, Paris XIVe

ISBN 978-2-02-095341-2

www.seuil.com

Remerciements

Nous tenons à remercier vivement toute la communauté de Taizé et son prieur, frère Alois, sans qui ce livre n'aurait pu être réalisé.

Nous avons pu travailler en toute confiance, en toute transparence, mais aussi en toute indépendance.

Un merci particulier aux frères Charles-Eugène et Émile pour leur aide très précieuse.

LES AUTEURS

INTRODUCTION

Bâtisseurs de ponts

Qu'est-ce qui peut bien, durant l'été 1940, pousser un jeune homme de 25 ans à franchir, à bicyclette, la frontière de sa tranquille Suisse ? Pourquoi, au cœur d'une Europe en pleine tourmente, pédale-t-il avec tant d'ardeur vers cette France occupée, écartelée ? C'est qu'il va acheter, en Bourgogne, une maison située à deux pas de la ligne de démarcation. Quelle étrange idée !

Étrangeté supplémentaire : le jeune homme est un futur pasteur suisse qui cherche à implanter une fraternité monastique dans une région anticléricale, aux frontières de son pays et surtout de la tradition de sa propre Église… Voilà qui ne manque pas de poser question ! Durant la guerre, le futur pasteur se fera passeur entre la zone occupée et la zone libre. Mais passeur, il ne cessera, toute sa vie, de l'être entre peuples et religions, cultures et générations.

Plus étonnante encore sera la rencontre ici, quelques années plus tard, d'une poignée de moines inclassables avec une foule juvénile de plus en plus incroyable. Existe-t-il en France et en Europe d'autres lieux qui attirent autant de jeunes de tous pays et origines, depuis plus d'un demi-siècle ? Les générations passent et les mêmes images défilent. Celle d'une jeunesse joyeuse et remuante, s'interpellant sur la colline dans une délicieuse cacophonie, mais capable de se figer dans un silence impressionnant quand les cloches appellent à la prière. À quoi rêvent-ils aujourd'hui tous ces enfants et petits-enfants des pionniers de la fin des années quarante ? Liés par une même fidélité à ce lieu inspiré, ils suivent la mystérieuse trame d'une histoire riche et tourmentée.

Depuis l'origine, Taizé est un lieu de passage. Se situant sur les marges. Nos propres enfants, qui y sont passés ou y ont séjourné, ne s'y sont pas trompés : aller à Taizé, c'est pour eux se rendre hors de France, sur un territoire où l'on parle toutes sortes de langues. Ils expriment avec fraîcheur cet ailleurs indéfinissable où l'on se sent chez soi tout en ayant l'impression d'être à l'étranger. Même le français, langue commune des frères de la communauté, y est parlé avec l'accent… de Taizé, aux consonances vaguement helvétiques.

Taizé se situe sur toutes les frontières. D'abord géographiquement. Non loin de la Suisse. Et à peine plus loin de l'Italie et de l'Allemagne. La situation topographique de ce village de quelques dizaines d'âmes a sans doute façonné son destin. Ce n'est sans doute pas un hasard si Roger Schutz-Marsauche a jeté son dévolu sur cette commune de Saône-et-Loire, à dix kilomètres de l'abbaye bénédictine de Cluny.

La vocation de Taizé, comme celle de son fondateur, qui se fera appeler frère Roger, est de se situer sur les frontières symboliques, de les enjamber, en construisant des ponts. Entre nations, entre confessions, entre cultures et générations, entre le Nord et le Sud, l'Orient et l'Occident… Au risque, d'ailleurs, d'être parfois incompris. Marguerite Léna a eu raison de faire remarquer que « Roger, le passeur », partageait avec Pierre Claverie, l'évêque dominicain assassiné à Oran en août 1996, cette conviction que la place d'un chrétien est d'être sur les lignes de fracture du monde[1]. Neuf ans plus tard, cet apôtre de la réconciliation a partagé le même destin tragique que le religieux d'Algérie. Le 16 août 2005, il tombait sous les coups de couteau d'une déséquilibrée, durant la prière du soir. Alors qu'il chantait un psaume d'action de grâce, juste avant la lecture de l'Évangile des Béatitudes.

Réconcilier les hommes et les idées, bâtir des ponts, tout en étant signe de contradiction, c'est assurément la vocation de cette communauté œcuménique. Une vocation pressentie intuitivement par le jeune Roger depuis sa plus tendre jeunesse. Elle s'exprime jusque dans les termes contradictoires qu'il a toujours aimé relier dans ses écrits : lutte et contemplation, violence des pacifiques, dynamique du provisoire, vivre l'inespéré,

1. *Taizé au vif de l'espérance*, collectif, Bayard, 2002. Voir aussi le film de Michel Carrier et Jean-Claude Escaffit, *Cheikh Claverie, évêque d'Oran*, France 2-CFRT-La Vie, 1998.

enracinement et universalisme, unanimité et pluralisme…

Cette vocation dialectique de Taizé s'inscrit certes dans la saga familiale de son fondateur. Il évoque souvent sa grand-mère, à l'origine de son entêtante idée de réconciliation. Mais cette intuition est aussi au cœur des fractures de l'Histoire, des étonnants pieds de nez de l'actualité, dans les rencontres marquantes, comme dans l'environnement intellectuel du jeune pasteur devenu l'ami de trois papes.

Nous tenterons de les décrypter dans cet ouvrage. Celui-ci n'a pas cependant la prétention de livrer l'histoire exhaustive de cette communauté atypique d'une centaine de « moines » de trente nationalités qui a révolutionné les repères religieux de la seconde moitié du XXe siècle. Mais plutôt de comprendre son rôle dans l'Histoire contemporaine, ainsi que les grandes étapes qui ont marqué son parcours. En braquant le projecteur sur une décennie ou sur quelques années, chaque chapitre cherchera à mettre l'accent sur une intuition, une décision, un faisceau d'événements qui auront non seulement marqué la période concernée, mais qui seront surtout décisifs pour le devenir, l'influence et le rayonnement de ces « moines-bâtisseurs »… de ponts.

CHAPITRE I

Roger : un héritage qui traverse les frontières

Un jour de 1920, Roger Schutz-Marsauche part en promenade avec ses sept sœurs (il est le dernier d'une fratrie de neuf) ! Ils traversent en bateau le lac de Neuchâtel et arrivent dans le canton de Fribourg, une région de Suisse traditionnellement catholique. L'enfant de cinq ans entre pour la première fois de sa vie dans une église et il en est saisi. « Tout était déjà environné d'ombre. La lumière qui éclairait la Vierge et la réserve eucharistique est demeurée en moi une image inaltérée[1]. » On peut imaginer l'étonnement de ce petit protestant en train de découvrir l'atmosphère « mystérieuse » d'une église catholique, lui qui est habitué à l'austérité du temple calviniste de son village du Jura suisse. Village qui porte d'ailleurs le joli nom de Provence…

1. Frère Roger, *Ta fête soit sans fin*, Presses de Taizé, 1971, p. 57-58.

À cette époque, en effet, les diverses confessions s'ignorent totalement. Quand il va au culte dominical avec ses parents, l'enfant ne sait pas pourquoi il croise dans la rue d'autres chrétiens qui vont prier ailleurs. Quelques années plus tard, il réitère l'expérience du canton de Fribourg. En visite chez son oncle à Besançon, il se lève tôt un dimanche matin pour assister à la messe. De retour à la maison, il n'ose pas dire aux siens d'où il vient[1].

Père, mère… et grand-mère

Son père est un pasteur très attaché à l'étude de la Bible, sa mère particulièrement ouverte aux divers courants spirituels qui traversent le protestantisme. La foi et la générosité maternelles éveillent une véritable vénération chez le fils. Quand il a douze ans, la famille déménage, car Charles Schutz prend la responsabilité de la paroisse d'Oron. Pour ses études secondaires au collège de Moudon, ses parents doivent le mettre en pension dans une famille. Ils choisissent une veuve aux moyens limités. Bien qu'elle soit catholique, leur choix est guidé par la générosité. Mais les longues conversations avec Mme Bioley-Delacoste, sa foi profonde, marqueront le jeune Roger.

Il admire aussi sa grand-mère maternelle, Marie-Louise Marsauche, d'une étonnante ouverture d'esprit. Il en

1. *Ibid.*, p. 58.

parlera souvent plus tard. Pendant la Première Guerre mondiale, dans le Nord de la France, elle a accueilli chez elle des réfugiés. En 1918, choquée par l'absurdité d'un conflit qui oppose des peuples chrétiens, elle va prier dans une église catholique, en signe de réconciliation. Roger dira de cette grand-mère visionnaire : « Le miracle de sa vie, c'est que, en réconciliant en elle-même le courant de foi de son origine protestante avec la foi catholique, elle a su ne pas être un symbole de reniement vis-à-vis des siens… L'intuition de ma grand-mère a dû me donner dès l'enfance une âme catholique[1]. »

Bercé par la lecture de Port-Royal

Chez les Schutz, on aime pratiquer la lecture en famille à voix haute. Pendant les vacances d'été, à Oron, la mère de Roger réunit ses enfants pour lire l'histoire d'Angélique Arnaud, l'abbesse de Port-Royal-des-Champs, qui avait réformé la vie de son monastère. Le récit de cette communauté catholique française au XVIIe siècle le frappe fortement.

« Si ces quelques femmes, répondant à une vocation commune et donnant leur vie à cause du Christ, ont eu un tel rayonnement d'Évangile, quelques hommes, réunis dans une communauté, ne le pourraient-ils pas aussi ? »

1. Frère Roger, *Fleurissent les déserts du cœur*, Presses de Taizé, 1982, p. 75.

se dit-il vers l'âge de seize ans[1]. D'ailleurs, autour de cette communauté féminine gravitaient des hommes célèbres comme Pascal et Racine, que l'on nommait les « Messieurs de Port-Royal ».

L'adolescence de Roger n'est pourtant pas facile avec un père exigeant et sévère, selon une confidence faite en juillet 1974 à Jean-Claude Petit[2]. Un jour d'hiver 1931, il prend froid. La tuberculose pulmonaire l'empêche de poursuivre normalement ses études et de préparer le baccalauréat. Sous la houlette d'un père qui ne le trouve pas assez doué, il est contraint d'étudier à la maison. Puis une rechute entraîne des prévisions pessimistes. Préférant le garder en famille, ses parents ne suivent pas la prescription médicale d'un séjour dans un sanatorium de montagne. Période d'incertitude et de questionnement qui sera déterminante pour sa vocation : « Ces années de maladie m'ont donné de comprendre que la source du bonheur n'était ni dans les dons prestigieux ni dans les grandes facilités, mais dans le don de soi-même pour comprendre les autres avec la bonté du cœur. Peu à peu, j'ai saisi que même d'une enfance ou d'une jeunesse humiliées pouvaient se dégager des forces créatrices[3]. »

1. Frère Roger, *Dieu ne peut qu'aimer*, Presses de Taizé, 2001, p. 40.
2. Alors journaliste à *La Vie catholique*. L'entretien est resté inédit.
3. Frère Roger, *Dieu ne peut qu'aimer*, *op. cit.*, p. 71.

Tu seras pasteur, mon fils

Au cours de ses longues marches solitaires à travers la campagne, il se heurte à cette insurmontable contradiction : pourquoi les chrétiens, qui se réclament tous d'un Dieu d'amour, sont-ils si divisés, si opposés entre eux ? Et il acquiert progressivement la conviction que créer une communauté, avec des hommes qui y offriraient toute leur vie, pourrait être un signe de réconciliation. Une fois remis de sa maladie, il va seul faire retraite dans les Alpes, à la Chartreuse de La Valsainte. Ce séjour dans un monastère catholique est une étape importante de sa recherche. Il s'y plaît en effet au point que ses parents craignent de le voir y rester !

Au retour, lui qui rêvait de littérature et de poésie est contraint par son père d'entreprendre des études de théologie. « Je ne me révoltais pas, on avait été élevé comme ça », confie-t-il encore à Jean-Claude Petit. C'est donc à Lausanne et à Strasbourg, de 1936 à 1940, qu'il étudiera cette discipline pour devenir pasteur.

Des étudiants réformés pour la paix

En 1939, les bruits de botte commencent à résonner en Europe. Sur la liste des mille cinq cents auditeurs inscrits à la Conférence mondiale de la jeunesse chrétienne, à Amsterdam cette même année[1], son nom figure dans la délégation helvétique[2]. Ce rassemblement est organisé dans le sillage des courants de Réveil du siècle précédent, qui ont donné naissance à un nombre impressionnant de sociétés missionnaires et bibliques dans les Églises de la Réforme. Leurs adhérents, quelle que soit la confession, « s'abandonnent » au Christ dans une piété intérieure vivante, sans chercher une unité institutionnelle. Alors que la guerre gronde déjà, ces paroles paradoxales résonnent dans le discours inaugural de la conférence : « Les nations et les peuples du monde vont en se séparant, les Églises en se rapprochant… »

Un héritage enraciné dans le renouveau protestant

Si l'aventure si singulière de Taizé s'enracine en grande partie dans le charisme et la foi audacieuse de son fondateur, elle prend aussi naissance dans une histoire temporelle et spirituelle qui traverse les frontières, et dans un héritage à la fois familial, intellectuel et ecclésial.

Elle se situe notamment dans la ligne d'un certain renouveau du protestantisme depuis le XIXe siècle, puis

1. Conférence présidée par le pasteur néerlandais, Visser't Hooft, l'un des pionniers de l'œcuménisme, secrétaire général du Conseil œcuménique des Églises en 1948.

2. Fabien Gaulué, *Croyances religieuses, morales et éthiques dans le processus de construction européenne*, La Documentation française, Commissariat général au Plan, 2002.

dans l'œcuménisme naissant du XXe. Il y eut d'abord un rapprochement entre Églises protestantes. Le mouvement touche ensuite, au XXe siècle, les autres confessions – catholique, anglicane, orthodoxe. Ce « climat » ecclésial et spirituel du passé récent ne pouvait rester sans influence sur un homme si perméable aux ouvertures intellectuelles de son temps.

Par réaction contre une certaine théologie protestante du XIXe siècle, trop rationnelle et desséchante, se renforcent des courants du Réveil du précédent siècle. Reprenant l'héritage piétiste de la conversion du cœur, le Réveil rénove le protestantisme français, si meurtri par les persécutions des siècles passés. Ses principaux représentants sont Frédéric Monod (1794-1863) et son frère Adolphe (1802-1856), célèbre prédicateur. La société évangélique de Genève, avec sa propre faculté de théologie, naît en 1831. Le piétisme lui-même est un rejeton du puritanisme anglais, qui prône un retour à l'Église des origines. Y aurait-il un lien avec le manuscrit – *Évolution d'une jeunesse puritaine* – que le jeune Roger présente à Paris, pour publication éventuelle, à l'écrivain Jean Paulhan, en 1936 ? Rejet de l'éditeur, à cause du refus de l'auteur d'en remanier la fin ! Roger Schutz l'a écrit durant sa longue maladie et, malheureusement, l'a détruit plus tard.

On peut imaginer que des théologiens et philosophes d'ouverture du XIXe et du XXe siècle aient marqué la conscience, voire l'inconscient, du jeune Roger, passionné « des sources de la foi ». Même s'il y fait peu allusion, même si ces auteurs n'ont pas façonné son itinéraire autant que l'histoire de Port-Royal, par exemple, nous pouvons le considérer comme un héritier de ces visionnaires protestants et catholiques. Voici quelques-uns de ces précurseurs significatifs de l'œcuménisme moderne.

À l'école de lointains précurseurs

Il y a d'abord l'étonnante parole du philosophe et pasteur danois Nicolai Grundtvig (1783-1872) : « Je découvris cette vérité que nous ne trouvons pas l'Église dans les Écritures, mais l'Écriture dans l'Église[1]. » Grundtvig opère un double tournant : orienter l'Église luthérienne vers une contemplation dépassant « l'Écriture seule » – sans contester pour autant sa place centrale. Méditation qui rapproche cependant l'Église protestante d'une sensibilité catholique. De même, le philosophe Sören Kierkegaard (1813-1855) cherche à dépasser la rupture introduite par la Réforme en rappelant que « les œuvres de l'amour » sont centrales dans le christianisme. Et cet amour du Christ est présent, selon lui, autant dans le catholicisme que dans le protestantisme.

1. Cf. Georges Tavard, *Petite Histoire du mouvement œcuménique*, Éditions Fleurus, 1960, et le *Dictionnaire de spiritualité*, Beauchesne, 1982, t. XI. Le cours sur l'œcuménisme du doyen de la Faculté de théologie de Toulouse, le père Philippe Molac, a également servi de point d'appui.

En Allemagne, mais cette fois du côté catholique, Johann Adam Möhler (1796-1838), professeur à Tübingen, fonde une théologie œcuménique dont l'influence s'étend jusqu'à Vatican II. Il propose une définition de l'Église affranchie d'une vision juridique, au profit de la conception d'un organisme vivant animé par l'Esprit Saint. Est-on si loin de la pensée du fondateur de Taizé ? En tout cas, Möhler est une source majeure d'inspiration des grandes Constitutions de Vatican II, *Lumen Gentium* notamment. Frère Roger, observateur au Concile, a peut-être connu son livre intitulé *L'Unité*, publié en 1825.

L'anglicanisme est lui aussi traversé par de nouveaux courants et beaucoup de communautés sont fondées au XIXe siècle, souvent sur le modèle des congrégations catholiques. La première est féminine : celle de la Sainte-Croix, qui voit le jour en 1845 à Londres, près de Regent's Park. Il faudra attendre vingt ans pour que naisse une communauté monastique masculine : la société de Saint-Jean l'Évangéliste, créée le jour de sa fête, le 27 décembre 1865, à Cowley à Oxford. Le futur Lord Halifax, qui aura l'oreille de Léon XIII, en fait partie.

Au total, on dénombre quarante fondations anglicanes entre 1845 et 1900[1]. Frère Roger en connaîtra quelques-unes plus tard.

Il faut mentionner ici une autre source non négligeable de la vocation de Roger : les Pères de l'Église

1. Cf. Annie Perchenet, *Renouveau communautaire et Unité chrétienne*, Maison Mame, 1967, p. 70 à 80.

des premiers siècles, sur lesquels il fera son mémoire de théologie en 1942-1943, et l'orthodoxie russe, pour laquelle il nourrit un amour profond. « Pendant la Première Guerre mondiale, des Russes avaient dû fuir leur pays. Ma mère en recevait certains et j'écoutais leurs conversations ; ensuite, elle me parlait des épreuves qu'ils avaient connues. Plus tard, dans ma jeunesse, nous avons habité près d'une église orthodoxe russe ; nous y allions pour participer à la prière, écouter la beauté des chants, et je cherchais à discerner sur les visages la souffrance de ces chrétiens venus de Russie[1]. »

Ainsi, la jeunesse de Roger Schutz est traversée par l'héritage des grandes confessions chrétiennes, où il voit apparaître, certes souvent dans les marges, de véritables mutations. À commencer dans sa propre Église réformée. Ces évolutions, encore timides, constituent les premières fondations sur lesquelles le prieur de Taizé pourra commencer à bâtir des ponts.

1. Frère Roger, *Dieu ne peut qu'aimer*, *op. cit.*, p. 112.

CHAPITRE II

Aux sources d'un nouveau monachisme

Avec ses deux guerres mondiales, la première moitié du XXe siècle pèse lourdement sur l'histoire des générations qui en sont les témoins. Que des chrétiens massacrent d'autres chrétiens dans les tranchées de la Grande Guerre, que beaucoup d'entre eux se taisent devant la barbarie nazie lors de la Seconde, voilà qui choque mainte conscience éprise de l'Évangile. C'est cependant le second conflit mondial qui secoue profondément les Églises de la Réforme. Comment tenir devant l'incroyable ébranlement sans choisir radicalement de tout quitter pour suivre Jésus ? Comment faire œuvre marquante de pénitence avec de nouvelles formes de témoignage et d'engagement personnels ? Des protestants commencent alors à explorer des voies de réconciliation dans une vie communautaire dédiée à la prière et à la contemplation.

Luther puis Calvin avaient critiqué la pratique monastique à partir de leur théologie des œuvres et de la grâce. Ils suspectaient chez les moines la tentation de vouloir obtenir le salut par une discipline et une ascèse propres. Depuis le XVIe siècle, par conséquent, il n'y avait pas de communautés monastiques dans le protestantisme. Les fondateurs de la Réforme n'avaient pas pour autant renié le monachisme, mais ses excès. Or, au XXe siècle, dans les Églises protestantes, des hommes et des femmes recommencent ici et là à penser à une vie communautaire qui ne s'oppose pas à l'Évangile. Le jeune Roger s'inscrit dans cette dynamique.

Des diaconesses de Reuilly aux Veilleurs

Les précurseurs en sont assurément… des femmes : les « diaconesses » font en effet florès en France, en Suisse et en Allemagne dans la seconde moitié du XIXe siècle. Les diaconesses de Reuilly en sont l'exemple le plus connu. Œuvre de « diaconie » (c'est-à-dire de charité évangélique), le groupe de Reuilly est né en 1841 à Paris sous l'impulsion de deux fortes personnalités, le pasteur Antoine Vermeil et son ancienne paroissienne, Caroline Malvesin. Le désir de celle-ci de fonder une véritable communauté rencontre cependant de vives oppositions. L'idée de « vœux » religieux, c'est-à-dire la promesse publique de s'engager à vie dans la pauvreté, la chasteté et l'obéissance, s'oppose trop, à l'époque, au concept protestant de la liberté inconditionnelle de la personne devant Dieu. C'est seulement le choc de la Seconde Guerre mondiale qui amène des évolutions. Sœur Viviane Roullet engage, à partir de 1957, le groupe des diaconesses dans une vie plus contemplative. Son héritière, sœur Myriam, mène à bonne fin l'œuvre de la fondatrice en écrivant la Règle de Reuilly.

Le tiers ordre des Veilleurs en est un autre exemple. Créé en 1929 par le pasteur Wilfred Monod, il joue un rôle important dans la fondation des communautés protestantes. La Règle de Taizé puisera son accent spirituel majeur aux Veilleurs : « Pénètre-toi de l'esprit des Béatitudes : joie, simplicité, miséricorde. » Ailleurs, dans le contexte particulier de l'Allemagne nazie, Dietrich Bonhoeffer propose, à ses étudiants de l'Institut de théologie de l'Église confessante[1] à Finkenwalde, une vie communautaire fondée sur une spiritualité qui rejette la barbarie.

Une floraison de fondations après la Seconde Guerre mondiale

Dans les années trente, des chrétiens réformés de Suisse romande éprouvent le besoin d'un lieu de retraite et de solitude. Quelques femmes « veilleuses » s'engagent en ce sens à Grandchamp, près de Neuchâtel en Suisse. L'idée y germe de créer une communauté, qui sera animée par mère Geneviève. En 1952, les premières sœurs prennent

1. Dès la prise de pouvoir par Hitler en 1933, Bonhoeffer reprend l'idée de Luther d'une Église confessante pour rejeter résolument le nazisme, barbarie païenne. Il soutient le combat de cette Église jusqu'en l'année 1942 avant d'être interné en 1943. Bonhoeffer périra comme martyr de la foi.

la décision de s'engager pour la vie, et elles adoptent la Règle de Taizé.

Toujours sur le terrain préparé par les Veilleurs, la théologienne Antoinette Butte fonde près de Marseille la communauté de Pomeyrol. Après des débuts mouvementés, les trois résidentes permanentes se consacrent à vie en novembre 1951. Inspirée par l'utopie de la « Jérusalem céleste »[1], la communauté accueille des réfugiés.

À Imshausen, au centre de l'Allemagne, Vera von Trott[2] crée une œuvre de diaconie au service d'enfants abandonnés. Les membres de cette communauté prononceront des engagements à vie en 1955.

Cette floraison de petites fondations d'après guerre modifie substantiellement le paysage du protestantisme. Tout en innovant radicalement, Taizé s'inscrira dans cette mouvance. Ces milieux ouverts sont minoritaires au sein d'un ensemble globalement opposé alors à une vie communautaire.

Les études, puis la guerre à Taizé

La vie communautaire est une œuvre mûrement réfléchie par l'étudiant Roger pendant de longues années de

1. Utopie biblique d'un lieu terrestre où régnerait l'harmonie parfaite entre Dieu et ses créatures, à l'image de « la Jérusalem céleste transfigurée dans la gloire de Dieu ».
2. Elle était la sœur du résistant Adam von Trott, qui fut pendu en 1944 à la suite de l'attentat manqué contre Hitler.

solitude. Après deux ans d'études à Lausanne, il débute en 1938 sa troisième année à Strasbourg, puis revient à Lausanne. Dans la capitale alsacienne, il aime à s'entretenir avec l'historien Henri Strohl[1] sur la vie de Luther avant la rupture du XVIe siècle. À Lausanne, à l'été 1939, il est élu – à son propre étonnement, d'ailleurs – président de la Fédération des étudiants chrétiens. C'est ici que, durant sa dernière année d'études, il réunit régulièrement un groupe de jeunes pour « s'interroger sur la foi ». Les plus motivés se regroupent dans ce qu'il appelle la « grande communauté ». Il organise colloques et retraites, en attendant la création d'une petite communauté résidente.

La guerre éclate en 1939. Par sa mère, Roger Schutz a des racines françaises. La défaite de la France éveille en lui un vif désir d'habiter ce pays, pour y mener une vie de solitude et de prière et pour aider ceux qui souffrent. Après avoir visité plusieurs maisons, il décide de s'installer à Taizé en août 1940. À quelques kilomètres de la ligne de démarcation, le village est en zone libre. Cette situation facilite l'accueil de réfugiés, notamment les juifs fuyant la zone occupée. Sa sœur Geneviève vient l'aider à assumer cet accueil risqué.

Dès son arrivée en Bourgogne, Roger se rapproche de quelques prêtres et pasteurs de Lyon. Autour du pasteur Roland de Pury, un groupe de résistants organise les

1. Maître de conférence à l'Université de théologie protestante à Strasbourg, Henri Strohl a rédigé une thèse sur l'évolution de Luther jusqu'en 1515.

déplacements de réfugiés, accueillis clandestinement dans la maison de Taizé. À Lyon, Roger va aussi rendre visite à l'abbé Couturier, un précurseur du rapprochement œcuménique. C'est le début d'une longue et fructueuse relation. Couturier disparaîtra en 1953. Mais cet homme de grande sensibilité pressent tout de suite la nouveauté de l'intuition portée par le jeune Suisse.

De l'abbé Couturier à « la communauté de Cluny »

L'abbé Paul Couturier est le premier prêtre à fréquenter Taizé, le 4 juillet 1941. Le père Maurice Villain, qui l'accompagne, se souviendra de cette visite : « À un détour de la route, le profil de la colline apparut, dominé par son fin clocher roman, avec cette symphonie de touches ocre et vertes qui semblent empruntées à la palette de Cézanne. De loin, tout semblait comme aujourd'hui. De près, c'était la brousse, l'abandon, l'absence de Dieu. Dans l'église lézardée, l'abbé célébra le mystère eucharistique et je l'assistai... La journée se passa en colloques spirituels. [...] Une ébauche de règle nous fut montrée, que l'abbé emporta dans son sac : il devait l'examiner avec soin, prier et y répondre dans les jours suivants. Avant de prendre congé, nous fîmes le tour des terres et nous eûmes la surprise de serrer la main de réfugiés juifs[1]... »

1. *Verbum Caro*, revue théologique de Taizé, 1966, vol. XX, p. 72-77.

Le 1er octobre 1941, paraît une petite brochure de Roger Schutz, intitulée *Communauté de Cluny. Notes explicatives*[1]. En ce temps de pénurie, l'abbé Couturier l'a aidé à trouver du papier et un imprimeur. Il s'agit d'une première ébauche de la Règle de Taizé. Au début de ces *Notes*, Roger écrit : « Il s'agissait pour nous de rompre avec une tradition trop individualiste. » Et de souligner l'importance des lieux d'accueil : « En face de la détresse présente, nos aspirations à la retraite, au silence, à la vie fraternelle n'ont fait que s'exaspérer. » Il annonce la création de la « Maison de Cluny » destinée à accueillir des retraitants.

Ora et labora, ut regnet

La brochure énonce ensuite la maxime de la « Maison » et trois règles de direction spirituelle, en développant chacun des termes. *Ora et labora ut regnet* : « Prie et travaille pour qu'il règne ». Il est précisé que la prière comporte deux dimensions : elle est à la fois *source de paix* et *source de vie en Christ*. Roger Schutz insiste aussi sur la discipline austère que nécessite le travail : « Il n'est pas possible de tenir sans l'aide de l'Esprit Saint. » *Ut regnet* : ce troisième terme est ajouté à la vieille maxime bénédictine. Le but ultime du travailleur chrétien est « Jésus-Christ Roi ». « Prière et travail préparent la venue du Royaume. »

1. Imprimé en 1941 par G. Neveu & Cie à Lyon.

Les trois règles de direction spirituelle s'énoncent ainsi : « Que dans ta journée, labeur et repos soient vivifiés par la Parole de Dieu. Que tu maintiennes en tout le silence intérieur pour demeurer en Christ. » Et la troisième est inspirée par les Veilleurs : « Pénètre-toi de l'esprit des Béatitudes : joie, simplicité, miséricorde. »

Le groupe des Dombes et Henri de Lubac

En septembre 1942, Roger participe à la réunion du groupe œcuménique des théologiens des Dombes, non loin de Lyon. Il y fait la rencontre du père Henri de Lubac, célèbre théologien jésuite. Frère Roger le verra plus tard à Lyon à bien des reprises. Non seulement il appréciera sa théologie de l'Église, mais il s'inspirera profondément de sa manière d'être. À la mort de celui qui est devenu cardinal, en 1991, frère Roger écrira dans une lettre au supérieur provincial de France : « Son attitude, dans les périodes difficiles qu'il a traversées, nous a portés en avant : il savait consentir aux épreuves venant des chrétiens eux-mêmes. Voyant parfois ses intentions les plus limpides défigurées par d'autres chrétiens, il gardait le silence et poursuivait le chemin. À travers lui, j'ai saisi cette certitude : aimer le Christ et l'aimer dans sa communion qu'est l'Église, c'est tout un. » Frère Roger aura la même attitude dans les nombreuses épreuves qu'il rencontrera sur sa route.

En novembre 1942, il est en Suisse, où il vient d'aider quelqu'un à franchir la frontière. La France est alors totalement occupée. On l'informe que la « Maison de Cluny » a été visitée par la Gestapo. Cela sent le roussi à Taizé. Il choisit de demeurer à Genève en attendant des jours meilleurs. Mais l'idéal d'une vie en communauté le hante. Quelques jeunes gens qui vivent déjà les éléments de spiritualité inscrits dans les *Notes explicatives* expriment le désir de s'y engager davantage. Une forme de vie communautaire commence dans une maison tout près de la cathédrale réformée de Genève, avec Max Thurian et Pierre Souvairan, respectivement étudiants en théologie et en agronomie. Daniel de Montmollin les rejoindra bientôt.

« L'idéal monacal » dans la ville de Calvin

L'appartement de Genève est toujours plein d'hôtes, comme la chapelle de la cathédrale où ils se réunissent pour prier. Mais, précise frère Daniel, « parmi les professeurs de la faculté et les responsables de la cathédrale, il n'y avait pas que de la bienveillance face à cette expérience inédite dans la ville de Calvin ». Si certains, comme Jean de Saussure, pasteur très respecté à Genève (son fils Éric rejoindra la communauté plus tard, pour devenir le dixième frère), et Franz Leenhardt, professeur de Nouveau Testament à la faculté, étaient très favorables à l'expérience communautaire, des calvinistes libéraux, héritiers d'une théologie rationnelle et critique, y étaient quant à eux opposés. « Ainsi, Roger était souvent pris entre deux feux, sans jamais perdre courage, continue frère Daniel. D'ailleurs, la ténacité dans la douceur était un trait marquant de son caractère. »

La période de Genève se révèle aussi fructueuse intellectuellement. Roger Schutz reprend son mémoire de licence, intitulé *L'Idéal monacal jusqu'à saint Benoît et sa conformité avec l'Évangile*. Il le présente le 30 avril 1943 à la faculté de théologie de l'Église évangélique libre du canton de Vaud. Juste au-dessus de la table des matières, figure la mise en garde suivante : « La Faculté rappelle qu'elle n'est pas responsable des opinions émises dans les thèses qui lui sont présentées. » À bon entendeur, salut ? Lui, en tout cas, n'a jamais fait lire son mémoire à ses amis de Taizé. Il en existe un exemplaire à la Communauté, que nous avons pu consulter.

Premier sujet d'étonnement : l'extraordinaire connaissance du monachisme qu'a le futur prieur, des anachorètes ou moines du désert à saint Benoît (et sans doute au-delà, même s'il a choisi d'arrêter son mémoire au VIe siècle). Une large part de sa thèse étant consacrée aux Pères de l'Église, on le sent familier de Basile, Grégoire de Naziance, Augustin… « Voyant que j'étais préoccupé par mes examens, se souvient frère Daniel, Roger m'avait offert un jour de réviser la patristique. Pour moi Irénée, Augustin… étaient des noms dans des livres. Il m'en parlait comme s'il les avait intimement connus. C'était pour lui des amis, des inspirateurs. Cette familiarité était étonnante, car ce n'était certainement pas un sujet d'études privilégié dans les facultés protestantes de Suisse. »

Les Pères de l'Église et la vie communautaire

Tout le travail de Roger Schutz dans son mémoire consiste à démontrer, à partir de l'histoire du monachisme, qu'une vie communautaire bien conçue n'est pas contraire à l'Évangile. Citons quelques-unes des dix-huit thèses les plus significatives : « Dans l'Église des premiers siècles, indique la première, le témoignage de vierges et d'ascètes voués à la prière fait pressentir la pureté du Royaume et stimule la ferveur des chrétiens qui vivent au milieu d'une génération corrompue. » Dans les septième et dixième thèses, il répond implicitement aux craintes de Luther qui dénonçait dans l'ascétisme monastique le mobile de recherche d'un salut individuel. Roger préfère voir dans l'ascèse une discipline spirituelle qui prévient les désordres personnels et s'inscrit dans la gratuité du salut. Dans la quatorzième thèse, il est dit : « Des ministères acceptant de servir l'Église dans la pauvreté peuvent être des témoignages de désintéressement au milieu d'un monde idolâtre de l'argent… »

On notera son souci d'ouvrir le protestantisme de l'intérieur, tout en restant fidèle à la gratuité absolue du salut. S'il admet, voire recommande, la pauvreté et le célibat, il refuse encore à cette époque l'idée des vœux perpétuels : « En aucun cas célibat et pauvreté ne peuvent prêter à un engagement à vie ; aucune autorité ecclésiastique n'a le droit de lier l'Esprit par un vœu perpétuel[1]... »

Enfin, la dernière thèse précise l'esprit d'une communauté réformée évangélique, qui ne peut être un décalque des communautés monastiques catholiques. « Elle cherchera à s'épanouir dans la joie du salut (dont le chant est l'expression la plus caractéristique), respectant toujours ces deux normes : fidélité à la parole de Dieu, enracinement dans son Église. »

Une vie fraternelle à la franciscaine

Certaines de ces idées subissent des modifications au fil de l'évolution de la communauté. L'engagement à vie, notamment, est réhabilité en 1949 par frère Roger. Mais une révolution est déjà en route dans les Églises de la Réforme. La référence au chant exprimant la joie du salut est importante. Très tôt, Roger a eu l'intuition de ce qui serait la base de la liturgie de Taizé. De même, l'enracinement dans l'Église indivise des premiers siècles, qu'il a étudiée avec passion, annonce déjà son engagement pour l'unité des chrétiens.

1. Le 2 août 1947, Paul Ricœur justifie, dans le journal *Réforme*, la pratique taizéenne d'alors : « Nul vœu perpétuel ne lie les membres de la communauté : autant vaudrait lier le Saint-Esprit lui-même, qui peut ôter les dons qu'il donne... »

Le premier livre de Roger Schutz, *Introduction à la vie communautaire*, paraît en octobre 1944. Il a de forts accents franciscains. À propos des années genevoises, de 1942 à 1944, les frères, dans une lettre à leurs amis[1], indiquent que les débuts de cette vie fraternelle sont inspirés des premiers compagnons de saint François. Alors que la période précédente, qu'il vivra seul à Taizé au début de la guerre, est plus caractéristique, selon eux, des « Solitaires de Port-Royal ».

En octobre 1944, les trois premiers frères quittent Genève pour regagner ce qu'ils appellent encore la « Maison de Cluny » à Taizé. Ils ont le sentiment d'entrer dans une étape où la vie bénédictine va leur servir de référence. En partant pour la France, ils s'éloignent de leurs amis de Suisse. « L'esprit de prière et de travail proprement clunisien s'affirme dans la communauté résidente. C'est la période que nous vivons et que nous allons continuer à vivre désormais. »

Comme l'a souvent dit son fondateur, la communauté de Taizé veut suivre son propre chemin sans chercher une « restauration » de la vie monastique. Mais, dès les débuts, ces frères « réformés » ont cherché leur place dans la longue histoire du monachisme, bien avant la rupture de la Réforme du XVIe siècle, et même avant le grand schisme d'Orient de 1054.

1. Datée du 12 janvier 1947.

CHAPITRE III

Les premiers pas de la communauté (1944-1952)

Automne 1944 : Roger Schutz regagne Taizé avec un ordre de mission : c'est en effet ainsi que l'on voyageait à la Libération. Avec Max Thurian, Pierre Souvairan et Daniel de Montmollin qui les rejoint en 1945, ils sont désormais quatre. Quelques mois avant de rentrer de Suisse, le 16 juillet 1944, le futur prieur est consacré pasteur dans la Collégiale de Neuchâtel.

Dans la France d'après guerre, on respire l'air d'une liberté retrouvée, mais le pays est totalement dévasté. Dans le village oublié de Taizé, des difficultés matérielles de tous ordres marquent la vie du petit groupe d'hommes.

Travail manuel et intellectuel…

Leur existence « clunisienne », comme ils aiment la qualifier, s'organise. Elle est désormais faite de travail manuel et intellectuel, d'accueil, d'apostolat dans la région. La prière est bien sûr au cœur de leur vie commune.

Il faut d'abord réaménager la maison retrouvée en piteux état et nettoyer ou aménager ses alentours : quatorze hectares de friches d'une ancienne propriété agricole. C'est avec peu de moyens que le groupe de jeunes hommes doit vivre. Ils se mettent à jardiner, à cultiver la terre, acquièrent une vache, puis deux bœufs, quelques poules, un cheval, plus tard un cochon. « Pendant l'hiver 1944-1945, Pierre a passé son temps à couper et à réduire en morceaux les acacias qui avaient réussi à cerner la maison, raconte frère Daniel. Il en fabriquait des piquets, qui étaient une véritable monnaie d'échange à l'époque. Cela nous permettait d'obtenir des céréales pour ensemencer les champs qu'on labourait avec les moyens du bord : une paire de bœufs et un premier joug en chêne, taillé, sculpté et ciré par Pierre lui-même. »

Le travail intellectuel est centré surtout sur l'approfondissement de la Bible. Frère Max commence à élaborer une théologie liturgique et œcuménique. Il publie plusieurs livres sur des questions délicates dans le contexte de l'époque : *Joie du ciel sur la terre* (sous-titre : *Introduction à la vie liturgique*) ; *La Confession* ; *Mariage et Célibat.* Frère Roger rappelle ce conseil à ses frères : « Sur le plan de la connaissance, nous n'avons pas à être des encyclopédies. Deux heures de travail créateur, fournies jour après jour, sont suffisantes pour un travail intellectuel qui conduira loin. »

Accueil des prisonniers allemands et des enfants

L'accueil, dans cette période de reconstruction, amène d'abord les frères à aider des Allemands prisonniers dans la région, et à s'occuper d'enfants abandonnés et d'orphelins de guerre. « En 1945, j'obtins de recevoir, dans notre maison, tous les dimanches matin, des prisonniers allemands, pour un bref moment de prière et pour partager avec eux la nourriture qui était si difficile à trouver, écrit frère Roger. La pauvreté était notre lot à tous[1]. » Et frère Daniel de poursuivre : « Avec de la semoule que le moulin de Courreau voulait bien nous vendre, des orties, quelques oignons frits dans la graisse de notre cochon qu'il fallait tuer ici, devant la maison, notre frère[2] faisait une soupe pour les prisonniers, qui n'avaient pas grand-chose à manger dans leur cantonnement. »

Une autre urgence de l'accueil : s'occuper des enfants confiés à la communauté par un juge. Manquant de tout, ils sont installés d'abord à Massilly, le village voisin, dans ce que les frères ont baptisé « la cité des gosses ».

1. Frère Roger dans l'opuscule publié à l'occasion de la remise du prix de la Paix des libraires allemands, Francfort-sur-le-Main, 1974.
2. C'est ainsi que les frères ont toujours appelé affectueusement frère Roger.

La septième sœur de Roger, Geneviève, abandonne alors sa carrière de pianiste pour jouer le rôle de mère auprès de ces enfants. À partir d'avril 1946, la communauté loue à Taizé, à une famille de la région, une grande demeure en mauvais état, appelée « Le Manoir ». Une fois restaurée, une vingtaine d'enfants y trouve refuge. Le Manoir est toujours loué par la communauté. Geneviève y a séjourné jusqu'à sa mort, en décembre 2007.

À cette époque, il n'y a pas d'école dans le village. Parmi les petits groupes de jeunes qui fréquentent la communauté, les frères recrutent un jeune instituteur, Marcel Corre. Il se chargera de faire la classe pendant cinq ans.

Quand l'habit fait le moine…

On manque de tout, mais Roger a le sens de la fête. « Notre frère avait cette capacité de transformer un simple repas et de le faire passer pour un festin, confie encore frère Daniel. Je me rappelle de ce repas de Noël pour les enfants où il avait annoncé treize desserts, à savoir une noisette, un abricot sec, une demi-pomme, un biscuit, un carré de chocolat, etc. Les enfants entraient parfaitement dans le jeu et se sentaient comblés ! » N'empêche que pour les villageois, la communauté de Taizé a d'abord été perçue – c'était inévitable – comme un corps étranger, et les jeunes frères étaient appelés « les Suisses du château ».

Comme déjà pendant les années genevoises, la prière est au cœur de la vie communautaire, matin, midi et soir. Elle se déroule, dans une chapelle aménagée dans les greniers de la maison, selon la liturgie monastique mise au point par frère Max. Même si « l'habit ne fait pas le moine », ils souhaitent s'en revêtir pour célébrer une telle prière… monacale. Or, ils en sont dépourvus ! Qu'à cela ne tienne, frère Roger, qui a la passion des brocantes pour meubler la maison, va faire l'acquisition de draps solides. Il y fait une ouverture afin d'y enfiler les têtes. « C'est ainsi que nous avons eu nos premières aubes, poursuit frère Daniel, nos "vêtements de prière", comme on les a appelés plus tard. » En ces années-là, les frères ne prient pas seulement trois fois par jour, mais se lèvent aussi la nuit. Cependant, avec l'accueil qui se développe et demande de plus en plus d'énergie, ces vigiles nocturnes seront vite abandonnées.

Mgr Roncalli et l'église romane

Au cœur du village de Taizé, une petite église romane s'est endormie dans la torpeur de l'inactivité. Dédiée à Marie-Madeleine, elle avait été construite au temps de Pierre le Vénérable, abbé de Cluny. Sans la communauté, elle serait sans doute restée l'un de ces nombreux trésors de l'époque admirés par le promeneur occasionnel. Mais Roger souhaite voir la communauté prier dans ce lieu de culte abandonné. Depuis la Révolution française, il n'y avait plus de curé au village et plus de messe à l'église. En 1941, invité par Roger Schutz, l'abbé Paul Couturier a été le premier à y célébrer de nouveau l'Eucharistie. En 1945, le fondateur de la communauté demande à l'abbé Dutroncy, curé doyen de Saint-Gengoux, l'autorisation d'y prier. Homme à l'esprit large, celui-ci donne son accord sans hésiter, et le petit groupe peut à nouveau faire chanter les voûtes romanes. Pas pour longtemps : quelques semaines plus tard, Mgr Lebrun, l'évêque du diocèse, met fin à cette pratique « pas très... catholique ». Les frères doivent retourner dans leur grenier.

Le salut viendra pourtant, deux ans plus tard, d'un certain Angelo Roncalli, nonce à Paris et futur Jean XXIII, que Mgr Lebrun a fini par consulter. L'autorisation d'un *simultaneum*[1] arrive en mars 1948. Dès la Pentecôte de cette année, toutes les prières de la communauté peuvent s'y dérouler. Cependant, les frères, par loyauté, mettent un panneau sur la porte rappelant aux fidèles de l'Église romaine qu'ils ne sont pas autorisés à assister à une prière non catholique. Leur participation est soumise à une dispense de l'évêque lui-même. Jusqu'au Concile, Mgr Lebrun, qui à plusieurs reprises a rendu visite aux frères, s'est abstenu de prier avec eux...

1. Un *simultaneum* signifie la mise à disposition d'une église catholique pour une communauté qui ne l'est pas, sans pour autant renoncer à y célébrer l'Eucharistie catholique.

Des psaumes huguenots à Joseph Gelineau

Dans cette chapelle, on chante l'office d'inspiration bénédictine, rythmé par des psaumes huguenots. « La communauté de Taizé a été marquée par la musique depuis le premier jour », nous a confié frère Roger qui avait toujours aimé chanter depuis sa tendre enfance dans sa famille musicienne. Un jour de 1948, débarque dans le village le père Gelineau. « J'avais entendu parler de cette communauté, témoigne le jésuite, pionnier du chant liturgique en français. Et je m'y suis arrêté lors d'un voyage. Je faisais à l'époque des recherches sur les psaumes en français, à partir de la traduction de la Bible de Jérusalem. J'ai été séduit par ce qui s'y vivait et par la recherche liturgique. Dès la première visite, le frère Roger m'a demandé une composition. » Commence alors une longue amitié avec les frères, qui dure toujours, et une collaboration régulière avec la communauté jusqu'au milieu des années soixante-dix, où commencent à arriver des chants en diverses langues, de Jacques Berthier.

Quant à la liturgie de la Sainte Cène, qui a été longuement travaillée par frère Max à partir de la tradition, elle est célébrée d'une manière étonnamment proche de l'Eucharistie des Églises catholique et orthodoxe[1]. En français et avec une mise en valeur de la Parole de Dieu,

1. Cf. Frère Max : *L'Eucharistie, mémorial du Seigneur, sacrifice d'action de grâce et d'intercession*, Neuchâtel, Delachaux et Niestlé, 1959.

la communauté est en fait précurseur de la liturgie eucharistique préconisée plus tard par le Concile Vatican II !

Pasteurs de Mâcon et sa région

À partir de 1948, les frères deviennent responsables de la paroisse protestante de Mâcon, avec laquelle ils étaient en relation depuis le début. Les trois pasteurs de la communauté, Roger, Max et Daniel, prêchent et assurent une présence auprès des réformés disséminés dans la région. Tous les déplacements se font à vélo, parfois à cheval. Roger préside assez régulièrement le culte à Mâcon, puis invite les fidèles à un repas, fort frugal au demeurant. « Notre frère était très aimé dans cette paroisse », nous confie frère François, le treizième à rejoindre la communauté en 1951.

Les services rendus aux protestants valent à la jeune communauté des amitiés durables au sein de l'Église réformée. Sous la plume du pasteur luthérien Maurice Sweeting et du philosophe Paul Ricœur, un reportage du journal *Réforme*, du 2 août 1947, évoque en termes élogieux le « monastère protestant de Cluny ».

À cette époque, un accueil de pasteurs, de prêtres et de jeunes, intéressés par la communauté, commence à se développer. Il s'élargit à diverses familles spirituelles. Comme François d'Assise imprègne fortement la vie de Roger, il ne tarde pas à inviter, dès 1945, un franciscain de Mâcon, frère Jérôme. Les contacts avec la communauté de cette ville deviennent réguliers. Ils s'élargiront à d'autres ordres religieux. En 1948, est accueilli un jeune dominicain lyonnais, le père René Beaupère, disciple de l'abbé Couturier. Alors que frère Roger s'est lancé dans la réflexion sur la Règle de Taizé, leurs entretiens portent sur la vie dominicaine.

Naissance de la Règle de Taizé

La communauté ayant grandi, frère Roger ressent la nécessité d'expliciter le fondement de leur vie. Les *Notes explicatives* servent de base, mais elles doivent être développées pour la vie communautaire qui change. Ainsi naît la Règle de Taizé, mûrie par le fondateur dans la solitude de l'hiver 1952-1953. L'abbé Notker Wolf, primat de l'Ordre bénédictin à Rome, signale sa similitude d'esprit avec la règle de saint Benoît[1] : « L'Évangile demeure la base et la Règle doit réaliser l'unité et la paix dans la communauté… » Beaucoup plus courte que la Règle bénédictine, qui constitue un petit livre en soi, la Règle de Taizé se concentre sur les orientations de fond de la vie commune. Les réécritures successives au long des années ont pour but de l'imprégner toujours davantage d'une spiritualité tirée du cœur du message

1. *Taizé. Weltdorf für innere Abenteuer*, ouvrage collectif sous la direction de Klaus Nientiedt, Fribourg, Herder Verlag, 2006, p. 106-107, trad. française de la citation par Moïz Rasiwala.

évangélique. En témoignent les nombreuses citations de l'Écriture sainte, notamment du Nouveau Testament. « Frère, si tu te soumets à une règle commune, tu le peux seulement à cause du Christ et de l'Évangile. Ta louange et ton service sont désormais intégrés dans une communauté fraternelle, elle-même incorporée à l'Église[1]. » Elle n'a rien d'un juridisme réglementaire. D'ailleurs, à l'occasion des quarante ans de la communauté, la Règle de Taizé s'appellera *Les Sources de Taizé*[2]. Le style poétique de frère Roger plonge le lecteur, au sein de la « petite source », dans une lecture méditative de la Parole de Dieu et du mystère de l'Incarnation. Mais, dès le départ, la communauté est solidaire et partie prenante des détresses des hommes : « Dieu n'assiste jamais passivement à la peine des humains, il souffre avec l'innocent, victime de l'incompréhensible épreuve, il souffre avec chacun[3]. »

Les premiers engagements à vie…

Ne pas juger, ne rien figer, surtout ne pas s'institutionnaliser, telle est la préoccupation constante de la communauté et de son fondateur. Après cinq ou six ans d'existence, frère Roger propose la dissolution de la « grande communauté », craignant que ce groupe d'amis

1. *La Règle de Taizé*, Presses de Taizé, 1971, p. 11.
2. Ateliers et Presses de Taizé, 1980.
3. *Les Sources de Taizé*, 2001, p. 28.

ne soit tenté de devenir une sorte de mouvement établi autour de la petite communauté résidente. Parallèlement, il charge Philippe Akar, un laïc protestant proche de la communauté, d'étudier des rapprochements possibles sur le modèle des tiers ordres existant. « Je m'y suis appliqué avec diligence durant l'hiver 1952-1953, nous a confié ce dernier. J'y ai travaillé comme à une thèse, épluchant les orientations pour laïcs des différentes congrégations catholiques. J'ai remis le document à frère Roger en 1953. Il l'a lu avec attention et m'a dit : "On n'aura pas de tiers ordre". » Ce sera une constante dans la communauté : ne jamais accepter de constituer autour d'elle un mouvement et, encore moins, une Église. Les visiteurs de Taizé doivent garder leurs forces vives pour leurs propres communautés.

De 1944 à 1948, des jeunes commencent à se rendre à Taizé pour vivre un temps de méditation et de prière – une expérience inédite pour la plupart d'entre eux. Robert Giscard, étudiant en médecine à Paris, membre de l'Église réformée, décide de rester. Il deviendra médecin du village et cinquième membre de la communauté. Deux autres jeunes Français suivront bientôt : Albert et Axel.

Pâques 1949 : dans une grande simplicité, les sept premiers frères, Roger, Max, Pierre, Daniel, Robert, Albert et Axel s'engagent ensemble pour la vie. « Veux-tu, par amour du Christ, te consacrer à lui de tout ton être ? » demande le prieur. « Je le veux. » Suivent les autres engagements sur la communion avec les frères, sur le renoncement à toute propriété personnelle, sur le célibat à vie... Touché par la force de cet engagement dans la petite église de Taizé et par la vie commune qu'il découvre, Alain Giscard, frère de Robert, deviendra à son tour membre de la communauté.

Pour la première fois donc, des hommes issus de la tradition réformée prennent un engagement définitif pour une vie communautaire. Les voilà du même coup liés par une double solidarité : ils sont fils de la Réforme et s'inspirent des traditions monastiques catholique et orthodoxe.

... avec l'aide du Saint-Esprit

Frère Roger avait longtemps manifesté des hésitations, voire des réticences, sur l'engagement à vie. Qu'est-ce qui a provoqué ce basculement profond ? Une lente maturation et plusieurs influences. La plus décisive fut protestante ! C'est celle de Suzanne de Dietrich, théologienne et bibliste, qui a beaucoup marqué son époque. Frère Roger s'explique dans son livre *Pressens-tu un bonheur*[1] : « Je ne peux pas oublier un entretien avec une femme qui avait lu le texte que j'avais écrit sur notre recherche. J'avais beaucoup d'estime pour elle. Infirme depuis sa naissance, elle était écrivain et avait de grandes connaissances du Nouveau Testament. Elle m'a dit : “Vous craignez de ne pas pouvoir persévérer ? Mais l'Esprit Saint est là, il est assez fort pour soutenir

1. Presses de Taizé, 2005, p. 20-21.

une vocation tout au long de la vie." Avec mes frères, peu à peu, nous avons compris que l'Esprit Saint était toujours présent et qu'il conduirait notre chemin. Et il devint évident que, pour demeurer fidèles, nous avions à nous engager pour l'existence entière. Nous avons pris cet engagement pour toute la vie le jour de Pâques 1949. Nous étions sept frères. »

Selon frère Daniel, il était déjà clair bien avant 1949 que l'entrée dans la communauté était pour la vie entière. Cependant, si frère Roger exprimait des hésitations, c'était aussi par un sentiment de prudence. Il voulait préparer les esprits à ce pas énorme qu'ils s'apprêtaient à accomplir – et qui d'ailleurs suscita incompréhensions et irritations dans la famille protestante.

En 1949, la petite communauté est encore peu connue, mais elle contient déjà les éléments qui feront sa notoriété. Chose surprenante : des religieux catholiques commencent à se tourner vers Taizé, à y chercher des inspirations. Dès les années quarante, frère Roger est bien reçu par le père abbé de Cîteaux ainsi que dans d'autres monastères catholiques. En juillet 1948, la fondatrice des Petites Sœurs de Jésus, Magdeleine, se rend sur la colline de Taizé et fait part de son étonnement : « On a visité aujourd'hui les frères de Taizé… Leur pensée est un peu surprenante : réveiller la foi catholique par leur rayonnement dans le village ! Serait-ce possible ? » Étonnant en effet que des protestants puissent raviver l'ardeur spirituelle assoupie de ce coin retiré de la Bourgogne.

Chapitre IV

Réconciliation et ouverture œcuménique (1953-1962)

Les années cinquante marquent un premier tournant dans l'histoire de l'œcuménisme avec notamment l'essor du groupe des Dombes. Né en 1937 à l'initiative de deux prêtres lyonnais, Paul Couturier et Laurent Rémilleux, et d'un pasteur bernois Richard Baümlin, ce groupe de théologiens catholiques et protestants se réunit à la Trappe des Dombes. Depuis sa création, cet aréopage théologique œuvre à l'unité des chrétiens et à la conversion des Églises. Il publie des textes importants sur de nombreux sujets comme la foi eucharistique, le sacerdoce, les ministères, Marie… C'est à l'abbaye des Dombes que Roger Schutz et Max Thurian, rencontrent, dès 1942, Henri de Lubac.

Frère Max, le théologien de la communauté, devient alors un membre actif de leur réunion annuelle. « Du "face à face" initial entre catholiques et protestants, jusqu'au milieu des années cinquante, les deux parties sont passées peu à peu à un "côte à côte" », confie le théologien Bernard Sesboüé, membre catholique du groupe entre 1967 et 2005. « Des premiers échanges libres sur les controverses entre confessions, nous avons cherché ensemble des points d'accord, qui étaient publiés dans la revue de Taizé *Verbum Caro*. Max Thurian était une personnalité marquante de notre groupe qui se réunissait jusqu'en 1970 à Taizé, en alternance avec les Dombes. Nous avons alors abandonné Taizé pour des raisons pratiques avec l'arrivée massive des jeunes. »

Pionnier des rencontres œcuméniques

Taizé n'est cependant pas un lieu institutionnel de dialogue œcuménique. Même si la douzaine de frères des années cinquante est encore protestante, on y vit plutôt concrètement la réconciliation interconfessionnelle[1]. Frère Roger est attentif cependant à la dimension institutionnelle des débats sur l'unité des chrétiens. De nombreuses rencontres œcuméniques, officielles ou non, se déroulent à Taizé. On peut parler d'influence réciproque, d'une sorte de dialectique perpétuelle entre ce « monastère atypique » et les institutions.

Dans les années cinquante, la communauté fait assurément déjà partie des pionniers de l'œcuménisme. Ce terme n'est utilisé à l'époque que dans quelques cercles

1. Le premier frère anglican, Pascal, américain de l'Église épiscopalienne, est arrivé en 1961 ; le premier catholique, Ghislain, en 1969.

d'initiés. Il avait pourtant été prononcé, pour la première fois dans sa compréhension moderne, dès 1845 à Liverpool, au congrès inaugural de l'Alliance évangélique universelle par le pasteur français Adolphe Monod[1]. En 1910, la première conférence d'Édimbourg avait réuni mille deux cents missionnaires, pasteurs et laïcs de divers continents, représentants des sociétés de presque toute la galaxie des Églises protestantes et anglicanes. Cette première rencontre œcuménique, sans participation romaine ni orthodoxe, préfigure néanmoins de futures assemblées plus larges. Elle peut aussi être considérée comme l'ancêtre du Conseil œcuménique des Églises.

Beaucoup rangent la Communion anglicane parmi les Églises de la Réforme. Ils ont raison dans une certaine mesure. De fait, elle se situe entre ces Églises et l'Église catholique. À partir de 1833, le « mouvement d'Oxford », porté par trois personnalités – dont le futur cardinal Henry Newman, un anglican qui se convertira au catholicisme –, ouvre des voies de réconciliation inédites aussi bien avec les catholiques que les orthodoxes, notamment par un renouveau liturgique dans l'anglicanisme.

Vers la fin du XIXe siècle, une démarche commune de l'anglican Lord Halifax (1839-1934) et du lazariste français Fernand Portal (1855-1926) sensibilise le pape

1. La base théologique pour l'unité définie par le congrès reste très marquée par la Réforme. De nombreuses sociétés missionnaires et bibliques naîtront de ces courants de Réveil.

Léon XIII à une « réconciliation » rompant avec l'idée d'un retour pur et simple dans le giron de l'Église catholique. Le pape cependant ne reconnaît pas les ordinations anglicanes, mais prend, en 1894, l'initiative d'une neuvaine, c'est-à-dire neuf jours de prière du vendredi après l'Ascension au samedi avant la Pentecôte pour « hâter l'œuvre de réconciliation des frères séparés ». Ce n'est pas encore l'appel lancé en 1935 par l'abbé Couturier à prier ensemble, du 18 au 25 janvier, pour l'unité « quand Dieu voudra et comme il voudra ». Cependant l'initiative de Léon XIII est déjà une invitation aux catholiques à regarder au-delà d'eux-mêmes.

Une porte entrouverte par Pie XII

Depuis cette décision novatrice de Léon XIII, la cause œcuménique ne progresse guère à Rome. Jusqu'à un événement inattendu, qui survient en 1949. L'indéfectible et infatigable ami de Taizé, le cardinal Gerlier, archevêque de Lyon, obtient alors que les frères Roger et Max soient reçus par le pape Pie XII. À trente-quatre ans, le prieur de Taizé est encore un inconnu des milieux romains, mais le cardinal voit dans l'initiative de ce jeune protestant convaincant l'occasion d'ouvrir des portes au mouvement œcuménique balbutiant. La démarche est fructueuse : un texte autorisant, sous certaines conditions, les catholiques à participer à des rencontres œcuméniques est publié peu après par le

Vatican. L'amitié de Roger avec Mgr Montini, le futur Paul VI, proche collaborateur de Pie XII, date de cette époque.

La deuxième visite de Taizé à Rome, en 1950, sera moins heureuse. En cette année sainte, le pape s'apprête à promulguer le dogme de l'Assomption de la Vierge, faisant usage de la prérogative de l'infaillibilité pontificale, votée au Concile Vatican I qui s'est tenu en 1870 et 1871. Frère Roger tente de persuader Pie XII non pas tant d'abandonner l'idée de proclamer le dogme, mais de ne pas user de son infaillibilité qui risque de creuser un fossé plus profond avec les « frères séparés ». En vain : repoussée du 15 août au 1er novembre, la promulgation provoquera à Taizé une grande déception. Le prieur sera cependant indulgent à l'égard de ce pape plutôt distant : « Dans le dialogue, il était moins accessible que ceux qui lui ont succédé. Mais il y avait quelque chose de vénérable en lui, c'était un homme de grande spiritualité, il était passionné de Dieu », confie-t-il à Kathryn Spink[1].

De leur côté, les protestants français s'émeuvent d'apprendre après coup cette rencontre d'un des leurs à Rome. Au point que le pasteur Marc Boegner, président de la Fédération protestante de France, demandera des explications au prieur de la communauté, avec qui il entretient des liens d'amitié.

1. Kathryn Spink, *La Vie de frère Roger, fondateur de Taizé*, Éditions du Seuil, traduction française 1998, p. 69.

Le tournant décisif avec Jean XXIII

En 1952, 1954 et 1955, à Rome, les frères participent à quelques rencontres œcuméniques, mais frère Roger y note… « un certain vide ». Puis, en 1958, le cardinal Roncalli est élu pape. C'est un tournant décisif dans l'histoire de Taizé ! Il avait déjà soutenu la communauté quand il était nonce à Paris. Jean XXIII accorde la première de ses audiences privées aux frères Roger et Max dès le mois de novembre. C'est encore une fois le cardinal Gerlier qui est intervenu. Il est persuadé que la question de la réconciliation des chrétiens doit être présentée dès le début de son ministère à un pape déjà âgé. Le temps presse. « L'accueil exceptionnel que nous réserva le pape, son ouverture à la vocation œcuménique, l'invitation qu'il nous adressa à participer au Concile Vatican II marquèrent pour nous un tournant », écrit frère Roger[1]. Et d'ajouter plus tard dans le journal *Le Monde*[2] : « Sans s'en rendre compte, il a pour nous levé le voile sur une part du mystère de l'Église… Nous avons saisi à travers sa vie ce que signifiait le ministère d'un pasteur universel. Ce ministère n'est-il pas avant tout celui de la réconciliation ? » Dans sa dernière rencontre avec frère Roger, le « bon pape Jean » lui confie son intention d'étendre cette réconciliation à tous les humains

1. Frère Roger, *Choisir d'aimer*, Presses de Taizé, 2006, p. 74
2. Le 2 septembre 2000.

dans l'encyclique qu'il s'apprête à publier : *Pacem in Terris*[1].

Cette rencontre a lieu le 25 février 1963. Les frères Max et Alain sont présents aussi. Elle dure une heure. Le pape atteint d'un cancer sait qu'il va mourir. Il confirme Taizé dans sa vocation, puis – gestes à l'appui – il utilise l'image de l'Église catholique faite de cercles concentriques toujours plus grands. Taizé se situe à l'intérieur de l'un d'eux, pas très loin du cœur. « Ses paroles nous ont comme insérés dans la réalité de l'Église. Dans la situation où se trouvait notre communauté, le pape voulait nous dire : continuez sur le chemin où vous êtes. »

Frère Roger apprend la mort de Jean XXIII, le 3 juin 1963, au moment de la prière du soir. Il ne trouve pas les mots pour exprimer sa peine et sa reconnaissance pour celui qu'il a aimé comme un père. Après avoir assisté à Rome aux funérailles, il prend le bateau pour participer aux célébrations du millénaire du mont Athos et rencontrer à Constantinople le patriarche Athénagoras. Il a déjà été reçu avec frère Max, l'année précédente, par le primat d'honneur de l'orthodoxie.

Athénagoras et le pont vers l'Orient

En effet, au cours du premier voyage, en février 1962, le courant était bien passé avec le vieux patriarche.

1. Note inédite de frère Roger écrite peu avant sa mort.

Athénagoras leur avait fait faire le tour d'Istanbul en voiture sur les traces des martyrs chrétiens et leur avait parlé de son projet de créer un centre œcuménique dans l'île de Patmos qu'il nommerait « Taizé orthodoxe ». « Pourquoi ne pas l'installer en Bourgogne ? » lui aurait rétorqué alors frère Roger. Un an plus tard, la première pierre de ce futur centre sera posée sur la colline avec le consentement du patriarche, pour y installer une petite présence monastique orthodoxe.

Ce voyage inaugural aux sources de l'Église d'Orient, en février 1962, sera le début d'une longue suite de rencontres avec des dignitaires orthodoxes, dont les patriarches Cyrille de Bulgarie et Germanos de Yougoslavie… Sans parler des nombreuses visites à Taizé de personnalités orthodoxes, tels le métropolite Nikodim, du patriarcat de Moscou, en décembre 1962. Des évêques orthodoxes grecs, russes, suisses, français participeront à l'inauguration de la chapelle et du centre orthodoxe en 1965. Le futur patriarche Alexis II de Moscou assistera même à une conférence de la Paix réunie à Taizé en 1967.

En ce milieu des années soixante, la communauté de Taizé accueille aussi dans sa liturgie et son iconographie la tradition des chrétiens d'Orient. Cette influence trahit aussi l'amour de son fondateur pour l'Église orthodoxe. Dans la chambre de frère Roger, qui demeure encore aujourd'hui un lieu de rencontre communautaire, on peut apercevoir dans un coin discret l'icône offerte par le patriarche Athénagoras au cours de leur dernière rencontre, en 1970. Elle est comme une sentinelle vigilante soutenant le désir de prier dans l'unité et rappelant les paroles de cet immense artisan de réconciliation. Frère Roger aimait se les remémorer : « Jusqu'à ma dernière heure, je reverrai le patriarche au moment de notre départ. Se tenant dans l'embrasure de la porte, il éleva les mains comme s'il présentait le calice de l'Eucharistie et répéta une fois : "La coupe et la fraction du pain, il n'y a pas d'autre chemin ; rappelez-vous..."[1]. »

Le chantier franco-allemand et l'église de la Réconciliation

La charnière des années cinquante et soixante est marquée par une avancée non seulement dans la réconciliation des chrétiens, mais également dans celle des peuples qui se sont déchirés en Europe. À Taizé, c'est une entreprise importante de réconciliation franco-allemande qui voit le jour en 1961. *Aktion Sühnezeichen,* cette action de repentance au service de la paix, est lancée en 1958 par le synode de l'Église évangélique allemande. La Seconde Guerre mondiale est finie depuis treize ans, et il s'agit d'engager des démarches concrètes de réconciliation en finançant des chantiers de travail dans les pays affectés par la guerre. Des personnes éminentes,

1. Frère Roger, *Dieu ne peut qu'aimer*, *op. cit.*, p. 108. Dans les années soixante, frère Roger renonce à célébrer la Sainte Cène tant qu'il n'y aura pas d'unité visible autour de la table du Seigneur.

dont plusieurs appartenant à l'Église confessante[1] en font partie : le théologien Martin Niemöller, ou encore le juriste Gustav Heinemann, ministre dans le gouvernement Adenauer, futur président de la République (de 1969 à 1976). La nouvelle église de Taizé sera l'une des grandes réalisations de cette « *Aktion* ».

Actuellement responsable de la fraternité du Brésil, frère Michel, entré dans la communauté en 1959, raconte : « Participant à une rencontre œcuménique à Berlin-Est en 1960, je rencontrai Lothar Kreyssig, le fondateur de *Aktion Sühnezeichen.* Jeune avocat, il avait mené, dans les années trente, une action contre le régime nazi, pour atteinte à la vie des handicapés. Pendant une pause de nos travaux à Berlin, il me prit par le bras pour en savoir plus sur notre communauté. Après un quart d'heure de conversation, il s'est exclamé : "Taizé est le lieu idéal en France pour un projet de *Sühnezeichen* !" »

Mais la construction d'une église pour remplacer celle du village qui s'avère trop petite pose question. Frère Roger se montre réservé, au nom de sa légendaire réticence à toute idée d'installation. C'est la maquette d'un jeune frère, Denis, architecte de formation, qui emporte la décision. Il avait déjà réalisé le plan d'une église destinée à des pèlerins, comme thèse de fin d'études, en Suisse.

C'est ainsi que, peu après Pâques 1961, une trentaine de jeunes volontaires allemands débarque à Taizé, relayée

1. Il s'agit des protestants allemands résistants à Hitler, réunis par la confession de Barmen, et opposés aux « chrétiens allemands » qui ont fait le choix du Führer.

sept mois plus tard par une seconde équipe. Ils réalisent le gros œuvre sous la direction d'une entreprise de construction de la région. Des jeunes Français viennent parfois leur prêter main-forte. Les visiteurs ne manquent pas : le ministre et ancien déporté Edmond Michelet, de nombreux évêques catholiques et pasteurs protestants, ainsi que des journalistes qui contribuent à faire connaître Taizé plus largement.

Le 6 août 1962, jour de la fête de la Transfiguration, c'est l'inauguration de l'église de la Réconciliation. Des milliers de personnes participent à la cérémonie. Les Églises catholique, orthodoxe, anglicane et protestante y dépêchent d'importants représentants, qui constituent un rassemblement œcuménique sans précédent.

Le premier numéro du bulletin de Taizé *Aujourd'hui* note[1] : « Ces deux jours resteront importants dans le développement de l'œcuménisme : pour la première fois, dans le chœur de la même église et priant le même office, des ecclésiastiques de toutes les confessions chrétiennes étaient réunis. Comment est-il possible que ces deux jours se soient passés sans le moindre heurt, sans la moindre fausse note ? »

En ce début des années soixante, les premiers ponts sont ainsi jetés entre confessions, entre nations. À Taizé, ils ont pour ciment la prière, dans une église dédiée à la réconciliation que son prieur trouve bien trop grande.

1. P. 8. *Aujourd'hui*, avec ses quatre numéros par an, fut publié en même temps que *Verbum Caro*, revue théologique trimestrielle déjà citée.

CHAPITRE V

Vatican II : un tournant dans l'histoire (1962-1965)

Le 11 octobre 1962, s'ouvre à Rome, sous la présidence du pape Jean XXIII, le Concile Vatican II. Cet événement considérable aura des répercussions immenses sur le devenir du catholicisme dans ses relations avec les autres Églises chrétiennes. Et il influencera profondément et durablement l'histoire de la communauté de Taizé, grâce à la présence à Rome des frères Roger et Max. Durant plus de trois années, ils noueront des amitiés solides et se confronteront à des idées fécondes.

Pas moins de 3 058 évêques de 145 pays, 453 experts et, fait inouï, 101 observateurs non catholiques vont en effet se retrouver dans la Ville éternelle de 1962 à 1965. Parmi les invités non catholiques, les frères Roger et Max assisteront à l'ensemble des quatre sessions d'automne de cette impressionnante assemblée, clôturée le 8 décembre 1965 par le pape Paul VI. La décision de Jean XXIII d'inviter, dès les débuts du Concile, des observateurs protestants et orthodoxes est courageuse, car sa préparation ne s'est pas déroulée sous des auspices œcuméniques très ouverts. Mgr Marty, le futur archevêque de Paris, affirmera même que si le pape a eu le courage d'inviter tant d'observateurs non catholiques, c'est parce qu'il avait appris à connaître les frères de Taizé !

Pour montrer son engagement résolu en faveur de l'œcuménisme, Jean XXIII avait cependant créé, le 5 juin 1960, un Secrétariat pour la promotion de l'unité des chrétiens, présidé par le cardinal Augustin Bea. En juillet 1962, c'est une lettre d'invitation de ce jésuite allemand, promu à un poste stratégique de la Curie, qui parvient à Taizé. Elle convie Roger et Max, au titre d'hôtes du Secrétariat, à assister au Concile qui va s'ouvrir cinq mois plus tard.

Une assiduité de plus de trois ans

La réception des invités non catholiques est une manifestation d'universalité ecclésiale. Le père Congar note en effet dans son journal que « le petit discours tenu par le pape aux observateurs qu'il a reçus […] est cordial, tout simplement chrétien. Et puis, quel qu'il soit, le fait monumental est qu'il y ait eu un discours, qu'il y ait eu des observateurs, que le pape les ait reçus[1]… ». Et le

1. Yves Congar, *Mon Journal du Concile*, Éditions du Cerf, 2002, p. 116.

grand théologien dominicain, expert au Concile, de poursuivre : « L'événement est là. "Ils" sont à Rome, reçus par un cardinal et par un organisme voué au dialogue ; et *Chrétiens désunis* est paru il y a vingt-cinq ans[1]. »

Vêtus de leurs aubes blanches, les deux frères sont présents tous les jours et écoutent toutes les interventions – ce qui n'est pas le cas de tous les pères du Concile, que l'on voit parfois s'échapper en ville. Jour après jour, pendant trois mois durant quatre années, c'est long ! « Pourtant, pendant les quatre sessions du Concile, de 1962 à 1965, je n'ai manqué que deux matinées », note frère Roger dans un récit inédit, écrit peu avant sa mort. « Je lisais la nuit des textes de sainte Thérèse d'Avila. Elle me communiquait le courage de poursuivre. » De son propre aveu cependant, son attention n'est pas toujours de même qualité, surtout lors de certaines interventions interminables. Elle se fait plus intense quand résonnent sous les voûtes de Saint-Pierre des paroles sur la communication de l'Évangile aux hommes d'aujourd'hui et sur la recherche de la paix. Il vibre profondément à la préparation du document sur « l'Église dans le monde de ce temps », appelé d'abord « Schéma XIII » et qui prend ensuite le nom de *Gaudium et spes*.

1. *Ibid.*, p. 118. Le cardinal en question est Mgr Bea. Titre exact de l'ouvrage : Yves Congar, *Chrétiens désunis. Principes d'un « œcuménisme » catholique*, Éditions du Cerf, coll. « *Unam Sanctam* », 1, 1937.

Les évêques à la table des frères

Cette présence des observateurs au Concile donne une tonalité particulière aux travaux, mais plus encore aux liens tissés dans les coulisses. Pendant toute la durée des travaux, Roger et Max constituent une petite fraternité avec quelques autres frères qui se succèdent à Rome.

Recevoir, recevoir et encore recevoir, ou rendre visite quelques après-midi à des groupes d'évêques ou à des séminaristes, telle est leur occupation principale en dehors des travaux conciliaires. Dans leur appartement loué au centre ville, près de la piazza Venezia, ils tiennent table ouverte. Les pères du Concile sont invités à partager un temps de prière et un repas frugal. Les invités se donnent d'ailleurs le mot : « Si vous êtes conviés à manger chez les frères de Taizé, prenez vos précautions avant ! » Et frère Roger de reconnaître avec malice cette joyeuse frugalité : « Les repas étaient simples, parfois débordants de joie. Il y avait surtout du riz et de la sauce tomate, un peu de vin, et nous trouvions toujours de quoi fleurir la table… » Le père Congar note de son côté : « Pratiquement pas de repas où les frères n'aient des invités, parfois jusqu'à cinq ou six évêques[1]. »

Autour de la table, les thèmes varient selon l'origine des hôtes : asiatique, africaine, européenne, américaine ou latino-américaine. Frère Roger retrouve bien sûr son

1. Yves Congar, *Mon Journal du Concile*, *op. cit.*, p. 195-196.

vieil ami, Manuel Larraín, l'évêque chilien rencontré lors de l'intronisation de Jean XXIII, en novembre 1958. Mais les frères, avides de découvrir ce qui se vit sur des terres lointaines, font la connaissance de bien d'autres pères du Concile. L'une des amitiés les plus solides se noue alors avec Dom Helder Camara, l'évêque brésilien. Dans les *Lettres conciliaires*[1] de ce dernier figurent pas moins de cinquante-huit références à Taizé. Il décrit d'abord en détail la communauté et son histoire[2] : cinquante-deux jeunes moines protestants dont huit pasteurs. Et il évoque son prieur en termes flatteurs et… ironiques pour le reste de l'assemblée : « Ou je me trompe beaucoup, ou Roger est le saint le plus authentique que nous ayons à la Basilique[3]. »

Des hôtes inattendus

Parmi les invités des frères, Karol Wojtyla, le jeune évêque auxiliaire de Cracovie, futur Jean-Paul II, aime cette ambiance de joyeuse simplicité. Frère Roger a fait sa connaissance devant la réserve eucharistique aménagée dans une chapelle latérale de la basilique Saint-Pierre. Les deux hommes allaient s'y recueillir avec de nombreux évêques, bien avant l'heure de l'assemblée.

1. Dom Helder Camara, *Lettres conciliaires (1962-1965)*, Éditions du Cerf, 2006.
2. *Ibid.*, p. 70.
3. *Ibid.*, p. 857.

« Et ce fut le début de quarante-trois ans d'une si belle confiance, qui est demeurée la même jusqu'à sa mort », écrit le fondateur de Taizé peu après la disparition de Jean-Paul II, en mars 2005.

On peut rencontrer aussi des hôtes plus inattendus, comme Mgr Franic, évêque de Split en Yougoslavie, l'un des traditionalistes du Concile, ainsi que le cardinal Ottaviani, figure emblématique de l'aile conservatrice de l'Église. Rien d'important ne se fait à Rome sans l'autorisation du redouté préfet du Saint-Office. Pendant la troisième session du Concile, un jour de novembre 1964, le cardinal Ottaviani se rend à l'appartement des frères. L'année suivante, avec son accord, six autres cardinaux de la Curie y vont ensemble. Et ceux qui partagent les mêmes options que le chef de file des opposants à l'esprit conciliaire se mettent à partager joyeusement le même repas taizéen. Dès le lendemain, cette histoire œcuménique improbable fait le tour du microcosme romain.

Les oui d'Ottaviani

Incroyable, mais vrai : « Roger obtient ce qu'il veut d'Ottaviani, s'étonnera longtemps Dom Helder Camara. Je crois que le pauvre cardinal souffre de voir que tous le craignent. Roger arrive comme un enfant[1]. » De fait,

1. *Ibid.*, p. 763.

le cardinal, souvent inflexible avec ses interlocuteurs, dit amen à tout ce que ce lui demande ce « frère séparé ». Excusez du peu, mais jugez plutôt : Oui à l'organisation à Taizé de deux rencontres réunissant, déjà avant le Concile et pour la première fois depuis des siècles, une dizaine d'évêques catholiques et une soixantaine de pasteurs, en 1960 et 1961 ; oui à l'aménagement d'une crypte catholique dans l'église de la Réconciliation en 1962 ; oui à la possibilité pour les catholiques de prier l'Office de Taizé en 1964 ; oui à l'installation d'une fraternité franciscaine près de la communauté dès 1964 ! Les raisons ? Selon frère Charles-Eugène : « Frère Roger lui rend visite à Rome depuis 1950 et il sait toucher son cœur. »

De même, ce persévérant bâtisseur de ponts est en bonne relation avec Mgr Samoré, président de la Commission pontificale pour l'Amérique latine. Il arrive même que Mgr Larraín demande à frère Roger d'aller voir cet influent membre de la Curie romaine pour intercéder en faveur des évêques d'Amérique latine… pendant que lui-même va prier dans une église pour un bon aboutissement de l'entretien.

L'anneau de Manoelito

Le prieur de Taizé est particulièrement lié depuis 1958, nous l'avons dit, à Manuel Larraín, évêque de Talca au Chili, que Dom Helder Camara appelle affectueusement

« Manoelito » dans ses *Lettres conciliaires*. Manoelito donc se rend souvent dans l'appartement des frères près de la piazza Venezia. Un midi de novembre 1963, il est inopinément absent, mais il fait remettre son anneau épiscopal à frère Roger. Devant se rendre au chevet de sa mère mourante, il charge à l'aéroport Dom Helder de ce geste. Le cofondateur et vice-président de la conférence épiscopale latino-américaine (CELAM) veut signifier, par ce précieux cadeau, le lien œcuménique particulier des évêques de son continent avec la communauté de Taizé.

Vatican II sera ainsi le théâtre de nombreux rapprochements tissés en coulisses, d'initiatives symboliques d'envergure dont les conséquences seront considérables. C'est durant le Concile que prend forme, par exemple, l'Opération Espérance en faveur des pauvres d'Amérique latine.

Opération Espérance pour l'Amérique latine

Depuis longtemps et particulièrement depuis sa première rencontre avec Mgr Larraín, frère Roger est habité par les vastes problèmes de l'Amérique latine. Il en parle longuement aux pasteurs et évêques réunis à Taizé pour les rencontres œcuméniques sur l'évangélisation, en 1960 et 1961. Alors que se prépare l'inauguration de l'église de la Réconciliation en 1962, il propose à ses futurs visiteurs une collecte pour les plus pauvres, qu'il nomme « Partage ton pain ». Pratiquement en même temps il apprend que l'évêque chilien s'apprête à créer une coopérative agricole sur les terres de son évêché. Une exposition sur la pauvreté en Amérique latine est alors organisée dans la nouvelle église de Taizé.

Lorsqu'il le retrouve à Rome au début du Concile, frère Roger évoque avec Mgr Larraín la collecte « Partage ton pain » en faveur des paysans chiliens. L'évêque plaide pour un élargissement de l'opération. Deux autres prélats latino-américains qui se rendent à Taizé en décembre 1962 insistent pour que l'opération prenne une dimension européenne et soit élargie aux coopératives agricoles de tout le continent. Frère Roger se laisse convaincre, mais souhaite ajouter une empreinte œcuménique à cette promotion humaine des plus pauvres. Elle devra être soutenue par les catholiques et les protestants, « afin de s'engager, à travers elle, vers l'unité visible des chrétiens et de tous les hommes ». Il lance l'appel à Paris le 15 mai 1963. Consulté, le journaliste Pierre Dumayet suggère de lui donner le nom d'Opération Espérance. Dans un premier temps, douze projets agricoles sont mis sur pied. Ils ne manqueront pas de faire de nombreux petits…

À la troisième session du Concile, en 1964, Mgr Larraín suggère d'élargir cette initiative humanitaire en lui donnant une dimension spirituelle : offrir des Nouveaux Testaments aux plus pauvres d'Amérique latine. Ainsi un million d'Évangiles en espagnol et cinq cent mille en portugais, tenant compte des particularités idiomatiques du continent, sont édités par Taizé et distribués dans les quartiers les plus délaissés. L'Opération Espérance se poursuit toujours, au Brésil notamment[1], par-delà la mort de Dom Helder en août 1999.

Mgr Larraín, devenu en 1964 président du CELAM, disparaîtra tragiquement en 1966 dans un accident de la route. Sous le titre « Mort d'un précurseur », frère Roger publie alors un article rendant hommage à cet ami très proche[2]. Il y rappelle leurs rencontres presque quotidiennes durant le Concile : « C'est pour son courage que je l'ai aimé. »

Des fruits généreux, mais parfois amers

Le Concile produit de nombreux fruits au-delà même de l'Église catholique. La veille de sa clôture, le 8 décembre 1965, le pape Paul VI et le patriarche orthodoxe Athénagoras font simultanément, à Rome et à Constantinople, une déclaration commune regrettant le « grand schisme » qui a séparé depuis mille ans les Églises d'Orient et d'Occident ; ils lèvent solennellement l'excommunication et les anathèmes mutuels. Cet événement a non seulement fait faire des pas de géant à l'unité des chrétiens, il aura aussi une influence

1. Aujourd'hui, elle est toujours au service des plus pauvres dans tous les pays du monde, elle a aussi permis d'accueillir à Taizé des réfugiés vietnamiens, rwandais, bosniaques…
2. *Le Monde*, 28 juin 1966.

déterminante dans le devenir et le rayonnement de la communauté. Pourtant, le chemin vers l'unité restera encore long et semé d'embûches.

Dans un livre publié en 1965 sous le titre *Dynamique du provisoire*[1], frère Roger se réjouit de la vague œcuménique qui suscite d'immenses espérances. Mais il craint déjà à cette époque qu'elle ne recule. « Elle retombera, écrit-il, s'il ne vient pas bientôt, le jour où se réuniront autour de la même table tous ceux qui, séparés confessionnellement, croient en la présence réelle du Christ dans l'Eucharistie[2]. » Une préoccupation obsédante pour ce bâtisseur de pont – et une pomme de discorde persistante entre confessions.

Ayant reçu le livre *Dynamique du provisoire* vers la fin du Concile, le cardinal Bea se rend à l'appartement des frères à l'heure du thé. Il a été frappé et interrogé par cette phrase sur l'Eucharistie qui lui semble douloureuse. Et il fait cette proposition étonnante : « Je pourrais obtenir du pape Paul VI que les frères de Taizé reçoivent la communion catholique. Si je le lui demande, il ne me le refusera pas. » Réponse de frère Roger qui, bien sûr, la souhaite ardemment : « Pour éviter une polémique dans les Églises protestantes, il serait bon que la communauté de Taizé ne soit pas seule à bénéficier de cette ouverture. Et que cela puisse se faire dans deux ou trois autres lieux. » Selon frère Charles-Eugène,

1. Presses de Taizé/Éditions du Seuil.
2. *Dynamique du provisoire*, *op. cit.*, p. 134.

« il a plus tard regretté d'avoir donné cette réponse, car ces lieux n'ont pas été trouvés ». Et, contrairement aux espérances, la situation de l'œcuménisme ne s'est pas rapidement améliorée[1].

Entre Écriture et tradition

Signalons cependant une contribution théologique indirecte des frères Roger et Max aux débats conciliaires. En 1966, paraît aux Presses de Taizé leur livre : *La Parole vivante au Concile*, avec comme sous-titre : *Texte et commentaire de la constitution sur la Révélation.* Henri de Lubac, grand théologien de Vatican II et, nous l'avons dit, ami de longue date de la communauté, en écrit la préface. L'ouvrage est consacré aux commentaires de la constitution dogmatique *Dei Verbum* sur la Révélation divine.

Le père de Lubac salue l'extraordinaire perspicacité avec laquelle les deux frères ont analysé et commenté le document conciliaire. Des différences demeurent certes entre protestants et catholiques sur la relation entre Écriture et tradition. Mais en définissant clairement l'articulation entre les deux, le Concile a marqué un tournant dans l'histoire du catholicisme en affirmant clairement que l'autorité de l'Église n'est pas au-dessus de la Parole.

1. Voir chapitre suivant.

L'unité passe par des hommes

À travers ce double regard critique et bienveillant, c'est un pas supplémentaire vers le rapprochement qui sera fait au milieu des années soixante. Pourtant, le fossé reste encore béant. Mais des hommes ont décidé de le combler, en se rencontrant, en bousculant leurs certitudes. De passage sur la colline au moment du Concile, Dom Helder Camara s'interroge : « Quand les protestants visitent Taizé, ils en repartent en se demandant : “Sommes-nous dans toutes les dimensions de la vérité en excluant la longue tradition de seize siècles antérieurs ?” (Parce que Taizé a rétabli la vie monastique masculine…) Et les catholiques repartent en pensant : “Sommes-nous dans toutes les dimensions de la charité en fermant les yeux à ce qu'il y a de sainteté hors de notre Église ?”[1] »

« J'étais à Taizé, nous confie la philosophe Marguerite Léna, lorsque des évêques latino-américains sont venus de Rome passer la Toussaint 1963 à la communauté. À leur descente de car, Dom Helder et ses compagnons sont tombés dans les bras de frère Roger. Et je me suis dit alors : C'est ainsi que l'unité se fera. Par la rencontre des hommes. » Dans *Aujourd'hui*, un frère situe, en octobre 1964, le dialogue œcuménique « d'abord au niveau, non pas des idées, mais de la *foi*, de l'*espérance*

1. *Lettres conciliaires*, *op. cit.*, p. 135.

et de la *charité*, par les moyens de la prière commune, de l'amour fraternel, de gestes simples et significatifs ».

Organiser l'accueil des jeunes

Les jeunes ne s'y sont pas trompés. Vers la fin du Concile, ils viennent de plus en plus nombreux dans ce lieu de réconciliation. Il faut les recevoir, organiser l'accueil. Seule l'église de la Réconciliation est désormais à la hauteur des besoins. La prière commune est l'essentiel de ce que la communauté peut partager avec eux. Mais les frères, dont la vocation n'avait pas intégré cette dimension hospitalière, doivent s'appliquer à recevoir de plus en plus de groupes. C'est un nouveau défi pour la communauté : être disponible à tous, tout en sauvegardant l'intimité monastique. Des camps de quinze jours, appelés communautés de travail, sont proposés aux garçons seulement. Ils font leur propre expérience de vie communautaire, analogue à celle des frères, participent à la vie liturgique, au travail manuel pour bâtir des locaux d'accueil et ont un temps laissé aux études. Deux lignes de force marquent les exposés et les échanges : l'œcuménisme, avec l'appel à un engagement commun, et l'éveil au monde des pauvres. *Aujourd'hui* donne des nouvelles régulières des visites des frères dans divers pays et du déroulement de l'Opération Espérance.

1965, la dernière année du Concile Vatican II, marque aussi les vingt-cinq ans de présence de frère Roger à

Taizé. Reprenant un thème cher à Jean XXIII, les frères nomment cette année « Aggiornamento 1965 ». Ainsi, tout l'été, se succèdent des groupes de soixante jeunes catholiques et protestants, de nationalités très diverses. Ils logent à Ameugny, à un kilomètre de Taizé, dans une maison aménagée par les jeunes constructeurs allemands de l'église de la Réconciliation. La fête du vingt-cinquième anniversaire est célébrée le dimanche 29 août. Une grande foule de toutes les confessions chrétiennes se donne rendez-vous à Taizé avec des personnalités du monde des Églises. Lettres et télégrammes affluent. La communauté commence à connaître une véritable notoriété internationale.

CHAPITRE VI

Début des années soixante : une ouverture tous azimuts

Dans les années soixante, la communauté poursuit son ouverture à travers les frontières, selon un double mouvement : aller vers les autres, notamment ceux qui souffrent, et accueillir à Taizé même le plus largement possible. Les jeunes en particulier, mais aussi des ordres religieux qui viendront prêter main-forte aux frères et partager leur existence. Cette attention aux plus démunis s'est déjà manifestée, dès la fin de la guerre, par l'accueil de prisonniers allemands, d'une vingtaine d'orphelins et d'enfants français dont la vie a été brisée.

Les premières fraternités « hors les murs »

Le partage à l'extérieur avec les plus petits prend corps très vite, dès les années cinquante, alors que la communauté, forte de douze frères, s'estime assez nombreuse pour laisser partir deux de ses membres. Mais à courte distance pour leur permettre de rentrer chaque week-end à moto ! C'est en 1951 que la première fraternité de ce type est réalisée à trente kilomètres de Taizé, à Montceau-les-Mines, avec les frères Pierre et Axel. « Ils tentaient d'assumer jusqu'au bout la condition et les risques des travailleurs de la mine, participant notamment à leur combat syndical. Cela ne fut pas sans conséquence[1]. » En effet, les portes des usines environnantes se ferment et l'impossibilité pour les frères de trouver un emploi met fin à l'expérience en 1953.

Cependant, à la suite de cette initiative jugée positive, d'autres tentatives de partage de vie vont se succéder, d'abord à Marseille, en 1953, puis dans d'autres pays : aux États-Unis, en 1959, au Brésil, en Côte-d'Ivoire… La plus marquante se poursuit de 1953 à 1962, à Hussein-Dey, dans une Algérie tourmentée par la guerre. Première expérience de vie partagée en milieu musulman, dans un quartier pauvre, qui en prépare d'autres. Deux membres de la communauté participent même au noviciat des petits frères de Jésus, de Charles de Foucauld, à El Abiodh ! En donnant ce dernier nom à la maison des hôtes de Taizé, la topographie de la colline garde trace des liens ainsi tissés. Comme elle l'a fait pour l'autre grande bâtisse affectée

1. José-Luis Gonzalez-Balado, *Le Défi de Taizé*, Éditions du Seuil, 1977, p. 63.

aujourd'hui à l'accueil des familles – Olinda – en souvenir de Mgr Helder Camara – et de la première fraternité latino-américaine implantée dans son diocèse de Recife-Olinda.

Les initiatives sud et nord-américaines

C'est le Concile Vatican II et les liens entre frère Roger et Dom Helder qui vont être à l'origine de l'initiative brésilienne. « Dès la fin du Concile, raconte frère Michel, qui vit au Brésil depuis quarante ans, notre frère Roger a souhaité leur rendre les visites qu'ils nous avaient faites à Rome et à Taizé. C'est ainsi qu'en novembre 1966, j'ai entrepris un immense voyage en Amérique latine. Alors que nous nous apprêtions à nous implanter au Chili, un père abbé bénédictin, ami de Dom Helder, est venu nous proposer une expérience fraternelle commune. De 1967 à 1971, avec frère Bruno qui m'avait rejoint, nous avons partagé notre vie avec deux moines brésiliens, nous impliquant dans le projet Espérance de Dom Helder. »

Les frères iront vivre aussi en Amérique du Nord. Les premiers contacts remontent à une longue visite de Roger et Max aux États-Unis, en 1955. À Chicago, six frères de Taizé et six franciscains composeront une communauté stable de 1966 à 1971.

Le travail manuel des frères

À Taizé, la communauté continue de s'organiser matériellement. Dès les débuts, il est clair que les frères gagneront leur vie par leur travail. « Ne pas accepter de dons pour la communauté procure une grande liberté », affirment-ils. Plus tard, ils refuseront aussi d'utiliser pour eux leurs propres héritages personnels et les donneront à l'Opération Espérance.

Si, pendant les premières années, les frères ont surtout vécu du travail de la terre, celui-ci s'est très vite diversifié. En 1949, frère Daniel crée un atelier de poterie centré sur le tournage manuel et l'élaboration des émaux. L'entrée de frère Éric en 1949 ouvre tout un champ de création avec de la peinture, des eaux-fortes, puis un atelier de vitrail. C'est lui qui réalisera notamment les petits vitraux des fêtes chrétiennes, dans l'église de la Réconciliation. Arrive aussi, en 1954, frère Marc qui travaille la gravure sur bois et le vitrail. Les compétences de frère Dominique, imprimeur de profession, permettent de monter en 1958 une petite imprimerie. Parallèlement, la communauté crée sa propre maison d'édition, les Presses de Taizé, qui publiera au long des années les nombreux livres de frère Roger et les écrits de recherche théologique, biblique et spirituelle d'autres frères. En 1969, frère Pierre-Étienne est initié à la fabrication des émaux par un jeune Égyptien. Toutes ces productions sont vendues dans la salle d'exposition de la communauté.

Aujourd'hui, les techniques se sont modernisées. L'informatique est entrée largement dans la maison. De nouveaux frères, qui partagent leur temps entre le travail manuel et l'accueil des jeunes, assurent peu à peu la relève des pionniers.

Une coopérative agricole

En février 1962, la décision est prise de constituer au village une coopérative d'exploitation avec quelques jeunes agriculteurs de la région : la COPEX[1]. Chaque associé reste propriétaire de ses terrains, mais apporte à la coopérative son matériel et ses animaux. Avec l'essor du catholicisme social et sous l'influence de la publication par Jean XXIII, en mai 1961, de l'encyclique *Mater et Magistra* qui prône la socialisation des biens, la communauté fait don de ses quatorze hectares de terre à la coopérative. Frère Alain, qui avait, à la sortie de son école d'agriculture en 1949, pris la responsabilité de l'exploitation agricole des frères, représente la communauté dans ce groupement. Dès 1954, il avait été élu président d'une coopérative laitière, pour résoudre les problèmes de commercialisation du lait. Avec la COPEX, ce sont les difficultés des petits exploitants agricoles qui sont pris à bras-le-corps. « Cette agriculture de groupe

1. La COPEX a pris en 1967 un nouveau statut juridique, celui de GAEC (Groupement agricole d'exploitation en commun).

peu connue et controversée à l'époque m'a permis de rester à la terre, affirme Jean Dorin, le maire de Taizé, alors militant de la JAC (Jeunesse agricole chrétienne). Elle nous a apporté en outre de la sécurité dans les périodes de maladie et la possibilité de prendre des congés. »

Un « metochion »[1] orthodoxe à Taizé

C'est également le sillage conciliaire qui apporte sa grande ouverture aux religieux catholiques et orthodoxes venus s'implanter sur la colline au milieu des années soixante. À la suite de la rencontre du patriarche Athénagoras en 1962, une petite communauté orthodoxe, « un metochion patriarcal », est installée à Taizé. C'est le père Damaskinos, de Grèce, qui inaugure cette présence en 1965. Quelques moines le rejoignent de temps à autre. Ils ont une vie communautaire autonome, d'abord dans une aile d'El Abiodh, puis dans une maison du village. Si des liturgies propres sont célébrées dans leur chapelle, les pères orthodoxes participent tous les jours à la prière des frères dans le chœur de l'église de la Réconciliation. À l'occasion de la rencontre européenne de Genève en 2007, le métropolite Damaskinos écrit : « Le patriarche Athénagoras m'a envoyé à Taizé. Et j'y

1. Dans l'Église orthodoxe orientale, un « metochion » est une délégation paroissiale rattachée à une église autocéphale.

ai vécu jusqu'en 1969. Frère Roger a été pour moi comme un frère et a marqué toute ma vie ; l'ouverture et la fraternité vécues m'ont accompagné durant toute mon existence. » Pour frère Luc, c'est une période riche en visites de prêtres et d'évêques orthodoxes de premier plan. En 1969, le père Damaskinos doit quitter Taizé pour devenir responsable du centre orthodoxe de Chambésy, en Suisse. Il est nommé évêque en 1970, puis métropolite en 1982. De même, le père Domitien qui a partagé la vie de la fraternité est actuellement métropolite en Bulgarie.

Un long compagnonnage avec les franciscains

C'est pratiquement à la même époque que s'installe une fraternité franciscaine, grâce aux contacts étroits noués avec les frères mineurs de Mâcon. À partir de 1964, il incombera au Belge Louis Coolen de la conduire. Vivant dans une maison séparée, les quatre religieux participent à la prière commune de la communauté et à l'accueil des visiteurs. Un signe œcuménique fort, tout à fait nouveau pour l'époque et un enrichissement mutuel. Mais une coexistence pas toujours facile, que frère Louis décrira dans un livre peu connu[1]. Dès que la fraternité devient permanente, l'évêque du diocèse Mgr Lebrun

1. Louis Coolen, frère mineur (décédé), *Rencontres de plénitude*, publié en 1966 dans une édition privée.

perçoit une aubaine pastorale dans la présence de ces religieux catholiques qui pourraient revivifier un secteur sans prêtre depuis des lustres. Et voilà frère Louis bombardé, un peu malgré lui, curé des deux villages de Taizé et d'Ameugny. « Je me suis récrié, note celui-ci, alléguant que, religieux, je n'ai nulle aptitude pour une telle charge et que je n'ai reçu aucune formation pastorale. Rien n'y fit[1]. » Outre les multiples tâches matérielles auxquelles ces hommes sont confrontés, ils participent à l'accueil avec les frères de la communauté. À cette époque, « Taizé est un vrai laboratoire expérimental de l'œcuménisme », poursuit frère Louis[2]. Ainsi verront-ils passer à peu près tous les grands théologiens qui ont marqué le Concile. Et des évêques de tous pays. « Un dimanche de l'hiver 1964, j'entre dans l'église pour l'office, note encore frère Louis. Je vois contre le mur du fond un groupe d'évêques chiliens, conduits par leur président Mgr Larraín... Je m'approche de lui : "Père, comme vous le savez bien, le Concile vient de recommander aux chrétiens de s'unir dans la prière, de prier ensemble. Avancez donc et montrez-nous le bon exemple." » Après une courte hésitation, le groupe d'évêques en soutanes, calottes et ceintures violettes va alors se placer aux premiers rangs pour l'office. « Ainsi, à petits pas, conclut le franciscain, l'Église change ses habitudes, et ce n'est qu'avec le recul que l'on pourra

1. *Ibid.*, p. 174-175.
2. *Ibid.*, p. 178.

voir que de tels petits pas additionnés finiront par faire, peu à peu, un long chemin[1]. »

La souffrance de la séparation

Durant cette période, de nombreux franciscains de pays différents passent, à Taizé, quelques jours, quelques semaines ou quelques mois, à commencer par leur supérieur général, le père Koser.

Parmi ceux qui y ont séjourné plusieurs années, Thaddée Matura devient rapidement un homme de confiance de frère Roger. Par la finesse de ses intuitions, il aidera beaucoup la communauté à ajuster sa réaction à la crise traversée par la jeunesse en 1968.

La présence franciscaine à Taizé cesse pourtant en 1972, du fait de l'impossible communion interconfessionnelle. La décision est prise à Pâques 1971. Les frères de Taizé, qui n'ont pas encore l'autorisation de recevoir la communion à l'Eucharistie catholique[2], ont leur propre célébration le matin, tandis que les franciscains célèbrent la leur l'après-midi. Cette double

1. Cet épisode s'est passé en réalité début novembre 1965. Profitant de la pause conciliaire de la Toussaint, frère Roger avait invité Mgr Larraín, président du CELAM, le cardinal Silva, archevêque de Santiago du Chili, et vingt autres évêques de plusieurs pays latino-américains, à venir avec lui passer quatre jours à Taizé. Ils y ont eu des rencontres notamment avec une soixantaine de jeunes Latino-Américains faisant alors leurs études en Europe.

2. Mgr Le Bourgeois, évêque d'Autun à partir de 1966, accordera cette autorisation en 1972.

célébration reste incomprise par l'assemblée juvénile. Alors que les frères respectent scrupuleusement l'interdit de communion catholique, les jeunes viennent, dans une confusion certaine, communier en masse aux deux célébrations. Ce qui amène frère Louis, écartelé entre la fidélité à son Église et son désir ardent d'unité à s'interroger : « N'avons-nous pas achevé ici notre mission et fait notre temps ? Ce soir, dans l'intimité de ma prière, je comprendrai que le Seigneur nous appelle à nous retirer, pour laisser libre champ à la communauté de Taizé de réunir en son propre sein des chrétiens venant à elle de divers horizons confessionnels[1]. » Leur départ dans une grande discrétion est une blessure pour les frères de Taizé et pour leur prieur. Mais des marques d'estime et d'amitié ainsi que des rencontres perdureront.

L'arrivée des religieuses

La présence des religieuses catholiques à Taizé date de 1962. Elle est ressentie comme nécessaire dès que le nombre des visiteurs commence à augmenter : pour aider à l'accueil, s'occuper de la « salle d'exposition », s'entretenir avec les jeunes filles qui en ressentent le besoin… Durant les années soixante, des sœurs de Saint-Charles de Lyon, des dominicaines, des franciscaines et deux sœurs protestantes de Grandchamp demeurent à proximité du

1. *Op. cit.*, p. 190.

village. Cependant la présence la plus durable et importante est sans nul doute celle des sœurs de Saint-André. Leur contribution et le rayonnement de leur supérieure, mère Marie-Tarcisius, restent encore aujourd'hui essentiels. De tradition ignatienne et de sensibilité œcuménique, des religieuses de cette congrégation – fondée à Tournai en Belgique – se sont rendues à plusieurs reprises à Taizé, dont elles apprécient l'ouverture et la spiritualité. Elles ont même invité le prieur dans leur maison de formation à Louvain. Invitation restée sans réponse !

À l'occasion de la semaine de l'unité et d'un colloque œcuménique, qui se tient en janvier 1966, frère Roger accepte de se rendre dans la ville universitaire belge. Et c'est par une série de concours de circonstances qu'il loge dans leur maison et les invite à venir s'installer à Taizé près de sa communauté !

Depuis 1966, les sœurs de Saint-André

Quelques sœurs y éliront domicile en 1966, tenant la salle d'exposition et préparant l'immuable bol de riz pour les pèlerins. « Un "bol de riz" tout de même allongé de sauce tomate ! » sourit aujourd'hui sœur Maria.

Admiratives de la vie contemplative vécue à Taizé, mère Marie-Tarcisius et la supérieure de la congrégation décident d'installer en 1971 une communauté dans le village proche d'Ameugny. Elles y font l'acquisition d'une maison. Grâce à mère Marie-Tarcisius et à ses sœurs, cette nouvelle implantation devient un foyer de rayonnement intense : échanges nombreux et riches, accompagnement de jeunes filles, exercices de trente jours donnés à de nombreux retraitants et à une dizaine de frères. Certains d'entre eux bénéficient aussi de l'accompagnement spirituel de cette femme d'une remarquable intériorité.

C'est en cette demeure d'Ameugny que mère Marie-Tarcicius finira sa vie en 2002. Tous ceux qui l'ont côtoyée, dont l'un des auteurs de ces pages, Moïz Rasiwala, qui a eu le privilège d'habiter durant huit ans avec sa famille dans la maison d'à côté, peuvent témoigner de son exceptionnel charisme. Une amitié très profonde l'a liée à frère Roger qui a tenu à lui témoigner en 1978, sa « grande reconnaissance pour cette collaboration si forte et sans aucune ombre dans le ministère vécu ensemble[1] ».

Avec l'arrivée massive de jeunes de l'Europe de l'Est, à la suite de la chute du mur de Berlin, trois ursulines polonaises arrivent en 1994 pour les accueillir. Des « filles de la charité de Saint-Vincent de Paul » apporteront aussi leur collaboration à partir de 2001.

Le premier frère catholique

La seconde moitié des années soixante est marquée par une autre grande ouverture. Celle de l'accueil du pre-

1. Sœur Marie-Thérèse Lacroix r.s.a., *Un être de bénédiction*, Ramegnies-Chin, Tournai, Éditions ARSA, 2004, p. 89.

mier frère catholique dans la communauté. Cela ne s'est pas fait sans mal, ni patience. Mais l'opiniâtre persévérance d'un jeune étudiant belge en médecine, Jean-Paul, et la diplomatique créativité des amis de la communauté viendront à bout des résistances institutionnelles. Après avoir été à la rencontre œcuménique de Louvain de janvier 1966, Jean-Paul donc se rend à Taizé avec un groupe d'amis, rencontrés dans un précédent camp mission. « J'avais été impressionné par ce qu'avait dit frère Roger à Louvain : Taizé, c'est un accumulé de faiblesses visitées par le Christ. J'ai éprouvé le besoin d'y retourner. » Dans la rigueur de l'hiver bourguignon et la chaleureuse intimité de la prière de la communauté, l'appel devient clair pour le jeune catholique qui aime le dépouillement et la beauté de l'office. « Terminant mes études, je me posais la question de la vocation. Mais je ne voulais pas de demi-mesure. Je recherchais l'absolu. À Taizé, il n'y avait rien qui pouvait attirer, il faisait gris, il n'y avait personne. Mais je sentais que c'était le lieu où je pouvais tout donner. Et on recevait la beauté. » Très vite, en janvier 1967, Jean-Paul revient rencontrer le prieur. Mais ce qui est clair pour lui ne l'est pas pour frère Roger. D'autres jeunes catholiques avaient fait la même demande. Et entendu la même réponse : « Un jeune catholique n'a pas la permission de son Église d'entrer dans notre communauté. » Opiniâtre, notre postulant fait alors une suggestion : « Je termine mes études de médecine, je pourrais peut-être vivre proche des frères… en Afrique. » Touché par son insistance, frère Roger lui propose alors de faire un séjour de quatre mois à Taizé, mais en prenant ses repas chez les franciscains ! Pendant son service militaire, ses visites sont de plus en plus régulières et sa détermination davantage affirmée. Elle sera récompensée. Frère Roger sollicite et obtient l'autorisation du cardinal Marty, archevêque de Paris et président de la Conférence des évêques de France. C'est ainsi qu'en 1969, à la fin de son service, Jean-Paul entre en toute discrétion dans la communauté, qui compte alors une cinquantaine de membres. Sous le nom de frère Ghislain[1] il prononce ses engagements à vie en 1972.

Le symbole est puissant. Il ouvre une nouvelle brèche dans le mur entre frères séparés. Lui pourtant n'a pas du tout le sentiment d'être un pionnier. « Cela me semblait une chose naturelle. J'arrivais comme un membre à part entière de la famille. C'est plutôt le fait de ne pas pouvoir vivre ensemble que je trouvais inconcevable. » Cette première entrée d'un frère catholique va ouvrir le chemin à bien d'autres, en vertu du droit coutumier de l'Église romaine. Le journal *Le Monde*, dans son édition du 20 mai 1970, note : « Depuis une date récente et avec l'accord du cardinal Marty, deux frères sont catholiques ; ils jouissent d'un statut spécial. L'un est belge et médecin, il est interne dans un hôpital à Mâcon ; l'autre est un sociologue de nationalité colombienne. Ils par-

1. Les frères choisissent un autre prénom quand le leur est déjà porté dans la communauté.

ticipent à toutes les activités des autres frères, exception faite pour l'Eucharistie. »

À l'évidence, l'entrée de frères catholiques est un vrai tournant. La nature même de la communauté qui ne comptait jusqu'à présent que des protestants et des anglicans s'en trouve modifiée. Elle porte désormais le nom de communauté œcuménique de Taizé. Et frère Roger de noter : « La présence de nos frères catholiques nous fait sortir des dialogues œcuméniques inutiles qui n'aboutissent pas à une communion. Elle nous contraint à nous demander : qu'est-ce que l'unité ? Une communion entre tous les chrétiens peut-elle se recomposer sans un centre visible, sans un pasteur universel[1] ? »

1. *Ta fête soit sans fin*, *op. cit.*, p. 129-130.

CHAPITRE VII

Les revers de l'ouverture ou l'inconfort des ponts

Si beaucoup d'hommes d'Église de toutes confessions ont toujours accordé leur amitié à la communauté, l'histoire de Taizé n'est pas exempte de malentendus et de rendez-vous manqués avec les institutions chrétiennes. Son succès grandissant et médiatisé à la fin des années soixante, sa large ouverture œcuménique et sa situation de pont, prophétique mais inconfortable, lui valent des demandes de clarification, voire les critiques croisées des éléments les plus identitaires des deux Églises, catholique et protestante.

Les premières difficultés sont sans doute venues de la communauté protestante de France. Ces tensions tiennent à la fois à l'enracinement atypique de Taizé dans les Églises de la Réforme et à la situation très minoritaire de celles-ci[1] dans un pays où les relations historiques

1. Dans un sondage pour *La Vie* et *Le Monde*, 2 % des Français se déclaraient protestants, contre 62 % se disant encore catholiques. *La Vie*, 17 avril 2003.

avec le catholicisme ont été particulièrement tragiques. Tel n'a pas été le cas avec les Églises scandinaves et anglo-saxonnes – de tradition surtout luthérienne et anglicane – majoritaires dans leur pays et dont les responsables ont toujours entretenu des relations confiantes et régulières avec la communauté.

Un contentieux précoce avec les réformés français

Si elles ont connu une crise importante à partir du milieu des années soixante-dix, ces relations délicates avec le protestantisme français remontent presque à l'origine de la communauté. Le contentieux a été institutionnel avant d'être doctrinal. Revenons sur ses principales étapes.

Dans son rapport de 1955, le synode national réformé note : « Il n'est pas inutile de spécifier que ceux qui pensent que la communauté de Taizé fait partie intégrante de l'Église réformée font une erreur. » Et durant les années qui vont suivre, tous les synodes nationaux reviennent sur les « relations rendues délicates dès l'origine avec une institution qui s'est créée hors de l'Église réformée et qui reconnaît qu'elle n'en fait pas partie ». Se pose donc d'abord une question de statut. Certes, dans les années soixante, les relations avec les autorités protestantes sont encore assez confiantes. Et la communauté reçoit de solides soutiens, à commencer par celui du président de la Fédération, Marc Boegner, qui sera

La famille Schutz-Marsauche au complet (1922).

Roger, tenant la main d'une tante, avec sa sœur Geneviève (décédée en décembre 2007).

L'atelier de poterie
à ses débuts, en 1955,
avec frère Daniel.

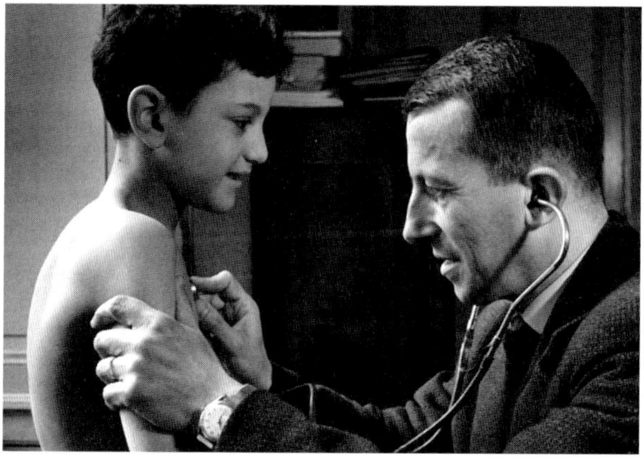

Frère Robert, médecin et..
maître de chant.

Frère Alain, responsable
de l'exploitation agricole
(fin des années 1950).

Frère Roger chez le patriarche Athénagoras à Constantinople (1962).

Avec le pasteur Marc Boegner (à droite) et le cardinal Gerlier à Taizé (1960).

Avec Jean XXIII et le cardinal Bea au concile de Vatican II (Rome, 1962). À gauche, frère Max Thurian.

Avec Paul VI, dans l'avion vers Bogota (1968).

Jean-Paul II à Rome, en 1982.

Frère Roger et frère Max (en blanc) avec les observateurs non catholiques au concile.

Annonce du concile des jeunes (1970, au micro Margarita Moyano, au premier rang Moïz Rasziwala).

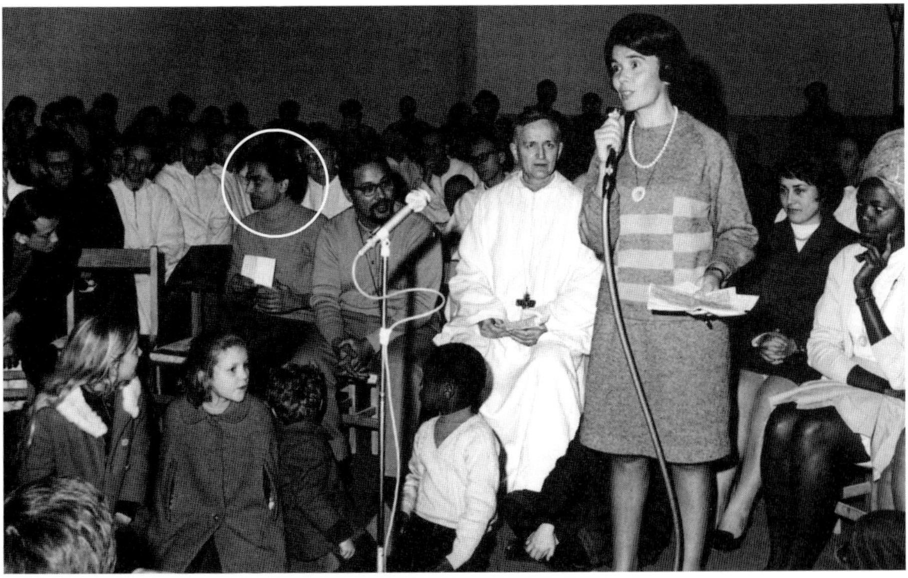

Ouverture du concile des jeunes (1974), avec Giuseppe Roncalli, frère de Jean XXIII.

En mer de Chine (1977). En haut avec un visiteur, frère Roger ; en bas dans la barque, Jean-Claude Escaffit.

Frère Roger avec frère Alois dans un quartier pauvre de Temuco au Chili (1979).

Frère Roger avec François Mitterrand et Marie-Sonaly, jeune Indienne adoptée à Taizé, se rendant à la prière dans l'église de la Réconciliation (1983).

Première rencontre européenne en Europe de l'Est, à Wroclaw en Pologne (1989).

Rencontre de Genève, fin décembre 2007.

inhumé en 1970 avec la Bible et l'Office de Taizé qu'il priait quotidiennement. Cependant, de 1955 à 1965, les relations sont plus tendues avec des responsables de l'Église réformée de France, comme Pierre Bourguet, son président, et Paul Conord, son secrétaire général. Le pasteur Bourguet reproche notamment au prieur de Taizé sa prise de position, « au nom de l'esprit œcuménique », contre le prosélytisme entre confessions. Il aurait dit à frère Roger en 1960 : « Par là, vous brisez la progression du protestantisme français. »

En 1956, à la demande de consécration pastorale pour de nouveaux frères de la communauté, le Conseil national de l'Église réformée oppose une fin de non-recevoir. Pour exercer sa charge, un pasteur doit être, selon lui, délié de ses engagements de la communauté. Les frères qui ne peuvent pas accepter cette condition se sentent alors obligés de quitter à regret leur ministère dans la paroisse protestante de Mâcon où un autre pasteur est nommé. Chez les réformés, on met en avant le côté imprévisible de la communauté et « l'amertume du fait accompli découvert par voie de presse ». Ressentiment exprimé notamment à l'assemblée du protestantisme français de Montbéliard en 1960. De plus, les pasteurs Roger Schutz et Max Thurian revendiquent un statut particulier, supranational, qui n'est pas prévu au règlement ! « La communauté se considérant comme une "famille", elle ne se prétend ni une paroisse ni une Église », a rétorqué le prieur de Taizé aux demandes de clarification. Il se situe en effet en dehors de toute codification juridique. Ce qui ne signifie pas en dehors de tout cadre et exigence. On est frappé en effet, à la lecture de la Règle de Taizé, par l'absence de tout langage juridique. Ce qui brouille les repères. Mais ne laisse au contraire aucun doute sur l'acceptation d'exigeantes contraintes. C'est d'ailleurs sur la question du célibat et de l'engagement à vie, instauré en 1949, que portent d'abord les divergences avec les réformés. Si frère Roger n'exclut pas totalement l'ordination sacerdotale d'hommes mariés, il prône la radicalité des vœux monastiques, dont celui de la chasteté. Pourtant, ce différend mis souvent en avant n'est pas déterminant, car si l'on regarde le parcours d'autres communautés « monastiques » protestantes – les diaconesses de Reuilly, les sœurs de Grandchamp et de Pomeyrol… –, elles ont toutes adopté l'engagement à vie, souvent à la suite de Taizé, sans que cela pose un problème insurmontable. Autre marque d'émancipation doctrinale, plus profonde celle-là : l'affirmation, à plusieurs reprises, de la prééminence de l'évêque de Rome, « pasteur des pasteurs », comme garant de l'unité des chrétiens.

L'incompréhension s'aggrave

Au milieu des années soixante-dix, les relations avec la Fédération protestante de France vont encore se compliquer. Prenant une dimension internationale et œcuménique, la communauté souhaite alors sortir du département des recherches communautaires de la Fédération, qui menait une réflexion sur un rapprochement des diverses formes de vie commune dans la famille protestante de France. À sa demande de statut d'observateur, Jacques Courvoisier le président d'alors lui aurait rétorqué : « Vous êtes dedans ou dehors. Il faut choisir ! » S'ensuit une médiation du luthérien Henri Bruston qui n'aboutit pas. Puis c'est, en 1975, le retrait de l'annuaire officiel de la Fédération protestante de France. Les réformés français reprochent en définitive à frère Roger de s'être beaucoup éloigné de leur position sur la question des sacrements, de la liturgie et d'être devenu vraiment trop… « papiste ».

Plus tard, par souci d'apaisement, une rencontre organisée au siège de la Fédération présidée par Jacques Maury, le 26 septembre 1982, n'arrangera rien. Les témoins de la communauté se souviennent d'un entretien difficile, voire orageux, où le prieur de Taizé est soumis à la question : « Est-ce que tu reconnais encore l'héritage de la Réforme ? » Ce que frère Roger reconnaît… Mais en s'empressant d'ajouter : « Je reconnais aussi l'esprit et l'héritage de l'Église catholique. » Un frère de la communauté lâchera même après : « Ils n'ont rien à envier au Saint-Office ! »

« Pour préparer cet entretien, nous avions envoyé à Roger Schutz un questionnaire rédigé par Jean Tartier, se remémore Jacques Maury, président de la Fédération protestante de France de 1977 à 1987. Peut-être avions-nous eu le tort de poser des questions précises, destinées à une clarification. Car Roger Schutz les a prises pour de l'inquisition. Ce dialogue a été cependant rendu difficile par le fait qu'il ne répondait pas aux questions ou plutôt qu'il les déplaçait pour pouvoir les dépasser. » Les divers interlocuteurs de l'époque reconnaissent en tout cas un dialogue de sourds, avec deux logiques différentes.

Deux parcours divergents

« Cet éloignement de la famille protestante et le rapprochement de Taizé de l'Église catholique sont plus profondément le résultat de deux parcours divergents, pense le pasteur Michel Leplay, membre du groupe œcuménique de théologie des Dombes durant quarante ans. Devant l'évolution libérale d'un protestantisme qui s'interrogeait à cette époque sur son identité et qui avait un souci culturel et social très marqué, Taizé, qui ne voulait nullement créer une “troisième Église”, cherchait un point d'ancrage historique. Cette communauté avait besoin d'être rattachée à une Église enracinée, plus large qu'un protestantisme français très minoritaire. C'est ainsi qu'elle a endossé peu à peu la culture de la grande Église. »

En effet, l'analyse de Michel Leplay souligne le fait que le protestantisme français qui doutait de lui-même avait des difficultés à assumer la vocation internationale et universelle de cette communauté déroutante par bien des aspects. « Ce rapprochement avec l'Église catholique, poursuit le pasteur Leplay, a été facilité par les relations d'amicale confiance qui se sont établies avec les papes successifs, mais peut-être aussi par la récupération des tacticiens de la Curie. Cette attitude explicite de déférence fraternelle et de reconnaissance filiale devait-elle impliquer une sorte d'allégeance audit successeur de Pierre[1] ? » Il est vrai que Roger fut le seul pasteur de l'histoire à avoir été le confident de trois papes !

Une double image contradictoire chez les catholiques

Si tous les pontifes, de Jean XXIII à Benoît XVI, en passant par Paul VI et Jean-Paul II, ont soutenu la communauté de Taizé, il n'en a pas toujours été de même de tous les responsables de l'administration romaine, ainsi que de certains cercles catholiques. Sa situation atypique sera souvent source d'incompréhensions et de malentendus. « En fait, à Rome, il faut mettre les gens et les groupes dans des tiroirs, explique Mgr Daucourt, qui a été membre du Conseil pour l'unité des chrétiens de 1984 à 1991. Et les responsables des dicastères ne savaient pas où situer cette communauté inclassable. C'était perturbant pour certains hommes d'Église. » Cette communauté

1. Lire le bulletin n° 5, année 2006, de la Société d'histoire du protestantisme de Nîmes : *Taizé, un autre œcuménisme*, par Michel Leplay.

œcuménique sera d'ailleurs assez longtemps perçue par les catholiques comme une expérience protestante. L'usage, par exemple, de l'église romane du village a été, à la fin des années cinquante, l'objet de pressions des milieux conservateurs qui avaient l'oreille de Rome. L'élection de Jean XXIII mettra un terme aux menaces. Pas forcément aux suspicions ultérieures de certains milieux romains.

Avec le début des années soixante-dix, la communauté, qui accompagne le mouvement d'une jeunesse inquiète et révoltée, se trouve sous les feux de la rampe médiatique, en même temps que sous les feux croisés de ses détracteurs des deux bords. Durant plus de quinze ans, Taizé a eu, chez un nombre non négligeable de catholiques, une double image contradictoire : les plus conservateurs ont fustigé le syncrétisme de rassemblements « gauchisants », et le clergé le plus engagé dénonçait, avec les mouvements d'Action catholique, son repli spirituel, perceptible surtout dans des célébrations « chaudes et ouatées ».

La colline aurait pris parfois alors des allures de festival permissif chrétien à la Woodstock. Réputation médiatique souvent injustifiée qui lui a longtemps collé à la peau. Pourtant, la communauté a toujours maintenu son ancrage dans la prière et l'Écriture, alors que les aumôneries et les mouvements de jeunes catholiques français privilégiaient, jusque dans les années quatre-vingt, les débats sur les problèmes de société, le racisme et le chômage… « Quand je disais à cette époque que j'allais à Taizé, se souvient Gérard Daucourt, actuel évêque de Nanterre, mes confrères de Montbéliard s'étonnaient. Ils me demandaient : mais qu'est-ce que tu vas faire là-bas, dans ce lieu où l'on s'évade dans la prière ? »

1974 : convocation au « Saint-Office »

Le mouvement de mai 1968 a contribué à exacerber remises en question et oppositions. Cette rébellion anti-institutionnelle, que l'on observe dans tous les domaines de la société, commence à poindre à Taizé en 1966, avec le premier grand rassemblement de mille quatre cents jeunes. Une « motion » sera même envoyée à Rome, par un groupe de participants, contre le refus de l'intercommunion, que le Secrétariat pour l'unité des chrétiens vient de publier. En épousant – tout en canalisant – le questionnement des jeunes, frère Roger va développer le thème « Lutte et contemplation » qui marquera Taizé durant plus d'une décennie. Les nouvelles générations – particulièrement les Allemands, les Italiens et les Espagnols, et dans une moindre mesure les Français – voyaient dans le courant représenté par la communauté une Église alternative, contre-modèle d'une institution jugée trop puissante et monolithique.

Avec le nombre croissant de jeunes aux rencontres sur la colline et l'entrée des frères catholiques dans la communauté, l'inquiétude grandit au Vatican, vers le milieu des années soixante-dix. Particulièrement à la

Congrégation pour la doctrine de la foi et chez son secrétaire, Mgr Jérôme Hamer : Faut-il laisser porter cet œcuménisme, difficilement contrôlable, par le prieur de Taizé ? Ne vaudrait-il pas mieux que tout ce qui ressort du catholicisme soit placé sous la responsabilité de l'évêque d'Autun ? se demande-t-il en substance. Frère Roger est convoqué à Rome les 29 et 30 avril 1974. Il s'y rend avec trois autres frères, Max, Robert et Charles-Eugène. Côté Curie, sont présents le cardinal croate Franjo Seper, président de la Congrégation pour la doctrine de la foi, et Mgr Hamer. Assistent également à l'entretien le cardinal Willebrands et Mgr Moeller, respectivement président et secrétaire du Secrétariat pour l'unité, le cardinal Garrone, président de la Congrégation pour l'éducation catholique, et l'évêque d'Autun, Mgr Le Bourgeois.

Symbole peu encourageant, la rencontre a lieu dans l'ancienne salle du tribunal du Saint-Office. Elle est difficile. « Nous devons longuement exprimer notre loyauté à l'égard de l'Église catholique », confie l'un des frères. Et le prieur de Taizé doit s'expliquer sur l'attitude à l'égard des jeunes catholiques, soupçonnés d'être attirés loin de la foi de leur origine. « Ce n'est pas le cas, se défend-il. Au contraire, ils sont invités à approfondir leur engagement dans leur Église. » Et de préciser également sa position sur l'intercommunion : « La communauté ne la demande pas selon une symétrie parfaite. La relation entre chrétiens divisés est asymétrique, chacun apportant les dons qu'il a reçus. » Le président de la

Congrégation pour la doctrine de la foi, le cardinal Seper, un ami personnel de frère Roger, écoute attentivement et termine la réunion en exprimant sa confiance au prieur de Taizé. Deux jours plus tard, le pape Paul VI reçoit frère Roger et lui révèle qu'il n'était pas au courant de cette convocation. Après lui avoir redit sa pleine confiance, il lui apprend qu'il enverra un représentant personnel à Taizé, à l'ouverture du concile des jeunes, quatre mois plus tard. Ce sera le cardinal Willebrands.

« Frère Roger gardera de cet épisode une blessure jusqu'à la fin de sa vie. Et il n'a jamais voulu en parler publiquement », révèle frère Charles-Eugène. Il s'est contenté d'écrire dans son journal : « Il serait aisé de parler à la presse des difficultés que nous rencontrons avec certains hommes placés à la tête des institutions d'Église. Cela nous vaudrait des sympathies immédiates mais ce serait une voie de facilité, ce serait travailler contre la communion du corps du Christ. Garder le silence, en de telles périodes, est une ascèse. Tenter de comprendre ceux qui s'opposent et peut-être, un jour, contre toute espérance, un dialogue surgira d'homme à homme et tout s'éclairera[1]. »

1. Frère Roger, *Vivre l'inespéré*, Presses de Taizé, 1976, p. 132.

CHAPITRE VIII

Rendez-vous avec les premières foules (1965-1975)

Août 1974 : quarante mille jeunes convergent vers une colline de Bourgogne, devenue le lieu emblématique d'une génération en quête d'espérance. Le 30 août s'y ouvre le « concile des jeunes », carrefour de plus d'une centaine de nationalités différentes. Taizé est le creuset des engagements et des révoltes « d'une jeunesse inquiète et vulnérable », en recherche « d'authenticité, de justice et d'amitié »[1]. Annoncé à Pâques 1970, cet événement fondamental est le point d'orgue d'une décennie riche en bouleversements dans la société et les Églises.

Le concile des jeunes résulte de la conjonction de trois phénomènes distincts mais convergents : la présence de plus en plus massive des jeunes à Taizé, le mouvement de Mai 68 avec ses innombrables retombées, et

1. Selon l'expression d'Alain Woodrow, dans *Le Monde* du 3 septembre 1974.

l'après-Vatican II qui va commencer à générer impatiences et déceptions.

Des jeunes chaque année plus nombreux

Dans les années soixante, la communauté voit affluer un nombre de plus en plus important de jeunes de cultures et croyances différentes. Elle, qui ne s'était pas initialement préparée à cette pacifique et… remuante « invasion », s'est organisée de façon pragmatique. Au milieu des années soixante, elle doit penser son hospitalité de manière plus large et efficace. Apparaissent alors les « permanents », ces jeunes volontaires qui viennent prêter main-forte à l'accueil. « 1 400 jeunes à Taizé, cela fait beaucoup de monde à loger, à nourrir, à déplacer », souligne *Aujourd'hui*, le bulletin de la communauté, au lendemain du premier rassemblement international de l'été 1966[1]. « La colline s'est couverte de tentes, des cars sillonnent le pays où, dans un rayon de dix kilomètres, tous les locaux disponibles, de la cave au grenier, ont été aménagés en dortoirs. Pas d'impatience, pas de désordre, grâce à l'exploit des soixante-dix jeunes de l'équipe d'accueil qui sans désemparer ont été au service de tous. »

1. Du 2 au 5 septembre 1966, pour la première fois, est organisé un rassemblement international de jeunes ouvert à tous, filles et garçons. Jusqu'en 1965, selon l'ancienne coutume monastique, seuls des garçons pouvaient faire retraite à Taizé ou participer à des « communautés de travail ».

Des permanents à la rescousse

Les « permanents » vont désormais entrer dans le paysage de Taizé. Ces garçons et filles décident de consacrer un an de leur vie à seconder les frères et les religieuses. Ils prennent en charge des tâches matérielles sur le terrain ou à la cuisine, assurent l'accueil des groupes (dans de multiples langues, cela va de soi !), animent des carrefours… Logés, nourris, vêtus et soignés s'il le faut, ces volontaires ne perçoivent pas de salaire. Leur gratification : la solide communauté qu'ils forment entre eux, le lien avec les frères – et les sœurs –, les amitiés qui se nouent et parfois des vocations qui se préparent dans le secret du cœur. La « frat » que tiennent les sœurs de Saint-André est leur lieu de rendez-vous pour un moment d'échange, une boisson chaude avec biscuits, un sourire débordant d'amitié. Les familles Claret[1], Quarré et Rasiwala – l'un des auteurs – se joignent à eux. Ils assument notamment l'accueil spécifique des adultes, dont le nombre commence à être significatif. Celui des permanents croît aussi au fil des années et les temps de séjours deviennent plus souples : d'un ou deux mois à plus d'un an.

La plupart des six mille à sept mille volontaires qui sont passés à Taizé depuis quarante ans gardent des liens

1. Louis Claret est toujours président de l'association cultuelle de Taizé qui gère les questions matérielles.

avec la communauté. Nombre d'entre eux y ont d'ailleurs fait la connaissance de leur conjoint. Ils reviennent souvent en famille lors de séjours durant les vacances. Tous ceux que nous avons rencontrés disent avoir acquis durant ces quelques mois une irremplaçable expérience humaine, mais aussi professionnelle. « C'est une très bonne école d'organisation et de relations internationales », confie l'un d'entre eux. Parmi les permanents de 1976-1977, Emmanuel, aujourd'hui directeur des ressources humaines au groupe de presse *La Vie-Le Monde*, confie : « J'ai été amené à réaliser des tâches pour lesquelles je n'étais pas du tout préparé, comme l'accueil de handicapés profonds. Mais elles se sont avérées des expériences formidables. Ou encore des activités qui auraient pu être fastidieuses si nous n'en avions pas perçu l'utilité. Or, la mise sous pli de milliers de lettres, par exemple, se faisait dans une ambiance enthousiaste. J'ai pris conscience alors du ressort essentiel de l'implication. Le travail le plus modeste peut être un facteur de cohésion, dès lors qu'il est porté par du sens. »

De sourdes révoltes à l'horizon

À partir de 1966, les sessions d'été sont programmées, organisées et annoncées de façon précise : « L'an prochain à Taizé, du 31 août à 17 heures au 3 septembre à 16 heures, grande rencontre internationale de jeunes :

Vivre le Christ pour les hommes. » Avec un argumentaire développé : « Pour nous, l'œcuménisme est une vocation, une vie, non pas une institution supplémentaire, est-il écrit notamment. Et nous sommes pressés par une échéance prochaine de la réconciliation des baptisés... »[1].

Fin 1966, l'on voit poindre dans cette génération des impatiences, de sourdes révoltes qui n'échappent pas d'ailleurs au prieur. « Dès cette année-là, notre frère nous dit qu'il y aura bientôt un éclatement dans les nouvelles générations, avec beaucoup de contestations, et que la communauté doit se préparer à accueillir paisiblement cette étape nouvelle de la vie de l'Église », raconte frère François. En janvier 1967, le prieur et quelques-uns de ses frères ont organisé une veillée à Saint-Germain-des-Prés à Paris, et séjourné au cœur du quartier Latin. Au cœur aussi du questionnement d'une jeunesse, en quête de sens et d'espérance. « Nous sommes projetés dans un temps de mutations constantes et accélérées, auquel nous ne sommes pas préparés, écrit Emmanuelle de France. Et nous sommes là, avec toutes nos questions et notre angoisse[2]. » En octobre 1967, le thème « Violence des pacifiques » paraît dans *Aujourd'hui* : « Le Royaume des cieux, ce sont les violents qui s'en emparent... Mais quelle est

1. *Aujourd'hui*, novembre 1966.
2. *Préparer le concile des jeunes, audacieuse aventure*, ouvrage collectif, Presses de Taizé, 1973, p. 26.

cette violence, alors que l'Évangile dit : Heureux les doux, les pacifiques[1] ? »

1968 *annus terribilis*

La crise qui sévit en France en 1968, et fait tâche d'huile dans les pays voisins, ne peut laisser la communauté indifférente.

La paralysie du printemps, quasi totale dans le pays, empêche tout visiteur de se rendre à Taizé. La colline est un désert. Bloqués de leur côté, les frères suivent attentivement les événements à la radio. Dès le début de l'été, les visiteurs réapparaissent dans une détonante diversité. *Aujourd'hui* d'octobre 1968 s'en fait l'écho : « À Taizé, cet été, on a vu de tout… Il y a des non-violents farouches, agressifs parfois, des violents déterminés et paisibles. » Les étudiants, souvent « rescapés des barricades », sont majoritaires. Mais on dénombre aussi quelques jeunes ouvriers, des chrétiens affirmés ou « en recherche », des marxistes plus ou moins déterminés, des convaincus et des non-engagés… Un véritable inventaire à la Prévert !

Cependant, la présence de nombreux jeunes de différentes nationalités permet de dépasser les thèmes de la contestation française au profit d'une confrontation

1. En 1968, frère Roger publie un livre sous le titre *Violence des pacifiques*.

d'expériences très variées. La situation au Biafra et en Tchécoslovaquie est présente dans les échanges. La contestation d'une société de consommation est relativisée face aux besoins vitaux de sécurité, de liberté, de jeunes qui en sont privés. Et la prière continue à rythmer la journée…

« Un défi : espérer », tel est le thème proposé par frère Roger pour 1969. « Espérer, ce n'est pas s'évader de la réalité… C'est, les yeux grands ouverts, continuer à vivre, à chercher, à creuser, à créer, à faire confiance, à attendre. En sachant pourquoi[1]. »

Annoncer une « joyeuse nouvelle »

Et dans *Aujourd'hui* de novembre 1969, il écrit : « Nous estimions le temps mûr pour opérer une vaste interrogation afin d'annoncer tous ensemble une joyeuse nouvelle le jour de Pâques 1970. »

Une équipe intercontinentale d'une dizaine de membres se réunit avec Margarita Moyano[2] pour lui donner corps. Jean-Claude Petit note à ce propos : « Entre les soixante-dix frères de la communauté et Jacques, Catherine, Marcello, Ndaywel, Angelina, Moïz, il y a mille différences…

1. *Aujourd'hui*, janvier 1969.
2. Jeune femme d'Argentine, venue dès 1969, à la demande de frère Roger, pour aider à l'animation des rencontres de jeunes. Il avait fait sa connaissance au Concile Vatican II, auquel elle avait été invitée comme auditrice. Décédée en 2003.

Mais c'est le même cœur qui bat et qui alimente d'un sang nouveau les cellules de l'immense corps de Jésus-Christ. » Pour définir cette « joyeuse nouvelle », l'équipe prie, réfléchit, écoute... Elle décide de privilégier la parole des peuples du Sud. Pas facile de faire la synthèse entre les préoccupations des Latino-Américains qui insistent sur l'urgence d'une Église pascale, renonçant à tous moyens de puissance, et les jeunes afro-asiatiques qui soulignent les valeurs de communion, de partage et de fête...

Le jour de Pâques 1970, la « joyeuse nouvelle » est annoncée à deux mille cinq cents jeunes de trente-cinq nationalités, rassemblés dans l'église de la Réconciliation : « Le Christ ressuscité vient animer une fête au plus intime de l'homme... Il va nous préparer à donner notre vie pour que l'homme ne soit plus victime de l'homme. » Frère Roger prend alors la parole pour annoncer la tenue d'un concile des jeunes. Un « concile » pour vivre un événement d'Église qui préparerait son printemps. « L'idée est venue à partir d'un échec : l'impasse où se trouve la vocation œcuménique, déclare-t-il. Dans cette situation, je me posais la question : que pouvons-nous ? L'œcuménisme a atteint un plafond. Qui fera la trouée[1] ? » Il avait pris auparavant la précaution de consulter Paul VI, dans une audience privée le 17 décembre 1969. Le pape avait répondu : « Mettez-le sur les rails[2] ! »

1. *Vivant univers*, nº 287, juillet-août 1973, Namur, Éditeur responsable Grands Lacs.

2. Frère Roger, *Fleurissent les déserts du cœur*, Presses de Taizé, 1982, p. 110.

Et le 19 avril 1970, trois semaines après l'annonce, le pape déclare lors de l'Angelus du dimanche : « Nous regardons vers Taizé avec une respectueuse sympathie. »

La préparation du concile des jeunes

La préparation de ce concile juvénile va durer quatre ans et demi. Cette aventure intérieure est néanmoins jalonnée de multiples rencontres sur tous les continents. À Taizé même, un thème différent est travaillé chaque année : « Donner notre vie pour que l'homme ne soit plus victime de l'homme » (Pâques 1971) ; « Imagination et courage pour devenir signe de contradiction, selon l'Évangile » (Pâques 1972) ; « Lutte et contemplation pour devenir hommes de communion »[1] (Pâques 1973).

De nombreux jeunes non croyants ou membres d'autres religions se sentent interpellés par la préparation. Un musulman d'Afrique du Nord écrit quelques jours après Pâques 1970 : « À Taizé, j'ai pu parler de tout, de l'avenir des hommes, des religions, de leurs points communs. Il n'y avait plus ni races, ni langues, ni divisions[2]. »

1. Le livre de frère Roger, *Lutte et Contemplation*, paraît sous forme de journal cette même année aux Presses de Taizé.

2. *Préparer le concile des jeunes, audacieuse aventure*, *op. cit.*, p. 55.

« Il est venu ce jour… »

Le jour de Pâques 1974, la date de l'ouverture du concile des jeunes est annoncée : ce sera du 30 août au 1er septembre de l'année. Dès le vendredi 30 août, des milliers de jeunes de toutes origines commencent à converger vers Taizé. « Leurs habits, leurs visages, leurs origines, leurs motivations sont à l'image de leurs langues : multiples ! » écrit Jean-Claude Petit dans *La Vie*[1]. De jeunes Français ont « fait » le rassemblement de la JOC en juillet, et celui du Larzac début août. Maintenant ils « font » Taizé.

À dix-neuf heures précises, les cloches carillonnent dans la chaleur lourde de l'été. Dans l'immense cathédrale de toile plantée de l'autre côté de la route, non loin de l'église de la Réconciliation – devenue maintenant minuscule –, la voix de frère Roger s'élève : « Il est venu ce jour, après la longue attente… Et ce qui en définitive a dominé, c'est la confiance de l'amour[2]. » Suit une longue prière pour les hommes de toute la Terre.

Un orage éclate et il pleut toute la nuit. Après des témoignages de différents continents, on chante les *impropères*[3]. Frère Roger annonce qu'il ira au Chili, récem-

1. 5 septembre 1974.
2. *Taizé, le concile des jeunes pourquoi ? Journalistes et jeunes répondent*, Presses de Taizé, 1975, p. 63.
3. Litanie des complaintes du Christ en agonie que l'on chante l'après-midi du Vendredi saint.

ment éprouvé par un coup d'État. Le samedi soir, les témoignages se concluent par un office de la Résurrection. Dimanche, les nombreux messages des chefs des Églises sont lus : ceux du pape, du patriarche de Constantinople, de l'archevêque de Cantorbéry, du secrétaire général du Conseil œcuménique des Églises, du président de la Fédération protestante allemande. L'archevêque de Vienne, le cardinal Kœnig, prend la parole pour saluer particulièrement « ceux qui n'ont pas la foi ou qui l'ont perdue, ceux qui sont athées ou pensent l'être ».

En partant, les jeunes emportent avec eux la première Lettre au peuple de Dieu : « Église, que dis-tu de ton avenir ? »

Sentiment mitigé et interrogations à la clé

Ces trois jours amèneront pourtant nombre d'interrogations chez des observateurs amis, comme Hubert Beuve-Méry. « À quoi allait-on finalement en venir avec ce gigantesque rassemblement[1] ? » se demande le fondateur du journal *Le Monde* qui se rend régulièrement à Taizé. Part-on vraiment en croisade pour éliminer la misère du monde ? S'agit-il d'une kermesse de la foi ou encore d'une « auberge espagnole » où chacun trouve ce qu'il a lui-même apporté ? Sans doute ce grand

1. *Taizé, le concile des jeunes pourquoi ?*, *op. cit.*, p. 148.

rassemblement et sa préparation sont-ils à l'image de cette période agitée, dont l'effervescence n'est pas exempte de contradictions. La pratique des assemblées générales dans l'église de la Réconciliation a trouvé ses limites. Quelque temps après l'ouverture du concile, les carrefours d'été sont restés globalement contestataires sur la colline, voire parfois houleux. Les débats se prolongent tard dans la soirée dans un lieu baptisé « cratère », devant l'église, autour d'un grand feu allumé. Dans un climat permissif, les « permanents » font discrètement mais efficacement leur travail. « Il fallait être à la fois accueillant et ferme, gérer les extrémistes qui clamaient : il est interdit d'interdire ! Et faire le pari de la responsabilité des jeunes. »

La communauté demeure pourtant persévérante dans sa double ligne de *lutte* et *contemplation*. La prière et les longs silences apaisent les esprits échauffés et favorisent l'écoute mutuelle.

Cette période du concile des jeunes, particulièrement son ouverture, laissera à frère Roger un sentiment mitigé. Il livrera un témoignage étonnant au journaliste hollandais Rex Brico[1] : « Durant les trois jours d'ouverture, j'ai eu l'impression qu'il y avait plus de brouillard que de lumière sous ces chapiteaux. Un nombre inusité de participants, le fait qu'une musique spéciale ait été préparée pour cette occasion, tout cela a fait que notre prière

1. Rex Brico, *Frère Roger et Taizé. Un printemps de l'Église*, Éditions du Cerf, 1980, p. 117.

s'est trouvée changée brutalement. Quand la prière est rendue difficile dans un rassemblement comme celui-là, c'est comme un échec. Cela nous a touchés. » Ce sentiment de demi-échec conduira frère Roger à chercher de nouvelles formes de prière, mieux adaptées à de grandes foules. C'est la genèse de la liturgie actuelle de Taizé.

Vers le Pèlerinage de confiance sur la Terre

Cela l'amènera aussi un an après, le 17 août 1975, à organiser une Journée du peuple de Dieu, à laquelle participent les cardinaux Marty et Doepfner, respectivement présidents des Conférences épiscopales de France et d'Allemagne, et le pasteur Philip Potter, secrétaire général du Conseil œcuménique des Églises. La *Lettre de Taizé*[1] de novembre 1975 explique : « Le concile des jeunes n'est pas à l'extérieur de l'Église, il n'est pas un nouveau mouvement, il n'est pas non plus une réalité réservée aux jeunes. » Taizé va désormais suggérer aux jeunes de chercher à s'engager à la suite du Christ à partir de leurs paroisses locales.

Après 1974, « Taizé hors les murs » va prendre alors tout son essor. Le concile des jeunes se poursuivra en France et sur les autres continents. Dès 1976, frère Roger va vivre plusieurs semaines avant la fin de l'année dans

1. À partir de l'annonce du concile des jeunes, Pâques 1970, le bulletin *Aujourd'hui* est remplacé par la *Lettre de Taizé*, qui continue à paraître actuellement quatre fois par an, en douze langues.

un bidonville d'une métropole d'un continent du Sud : Calcutta, Hong Kong, Temuco… Il s'y rend avec quelques frères et une équipe intercontinentale de jeunes dont la composition varie selon les années. Tout en partageant la vie des pauvres, tout en priant, il réfléchit avec eux à une lettre qui, dès 1977, sera lue dans une grande ville européenne entre Noël et le Jour de l'an, et servira de base à la réflexion des jeunes toute l'année suivante.

Chaque concile a un début et une fin. Pour frère Roger l'interrogation surgit dès le lendemain de l'ouverture : le mot « concile » n'est peut-être pas celui qui convient. La question devient explicite quatre ans plus tard. Rex Brico le cite : « En 1979, face à l'accroissement du nombre des jeunes qui vont à Taizé, nous avons suspendu le concile des jeunes, pour ne pas faire un mouvement de plus[1]. » Mots que l'on comprend facilement chez un homme qui ne vit que de la *dynamique du provisoire*. Mais tout ne sera pas fini, parce que commencera alors « un Pèlerinage de confiance autour de la Terre… »[2].

1. *Frère Roger et Taizé*, *op. cit.*, p. 117.

2. Commencé de manière limitée en Europe dès 1980, il est lancé officiellement sous le nom de Pèlerinage mondial de réconciliation, le jour de Noël 1982 à Beyrouth, au Liban, pays alors éprouvé par la guerre depuis huit ans. La première étape en sera la rencontre européenne de jeunes quelques jours plus tard à Rome, à la fin de l'année 1982. En 1985, il prend le nom actuel de Pèlerinage de confiance sur la Terre.

Chapitre IX

Taizé hors les murs

Les années soixante-dix voient l'accroissement du nombre des jeunes sur la colline de Taizé et marquent par ailleurs l'élargissement d'une communauté monastique qui s'interroge encore sur son évolution hors de France.

« Faut-il continuer à créer des fraternités provisoires ou envisager d'autres fondations au sens bénédictin, c'est-à-dire des communautés indépendantes ? Comment rester en communion les uns avec les autres, tout en vivant dans des lieux, voire des continents différents ? » Dès les années cinquante, des fraternités provisoires avaient été créées hors les murs en allant toujours plus loin : à Montceau-les-Mines, à Marseille, en Algérie, aux États-Unis, en Côte-d'Ivoire… Cette tendance va s'affirmer avec l'implantation plus stable de petites fraternités dans de nouveaux pays : « Il s'agissait d'être avec, de partager les joies et les peines des plus pauvres, de partager la prière des communautés », nous disent avec une belle unanimité les frères impliqués dans cette aventure.

Nourrie par ces expériences internationales de certains frères, la communauté prend aussi le risque d'envoyer de petits groupes de filles ou de garçons « à la recherche des lieux d'espérance sur toute la terre ». Ils sont chargés de poursuivre le concile des jeunes dans les divers continents en vivant sur place durant plusieurs mois.

Ce sont, durant le Concile Vatican II, les liens créés avec certains évêques, notamment d'Amérique latine qui sont à l'origine des fraternités implantées au Brésil, d'abord à Olinda chez Dom Helder Camara, de 1966 à 1971, puis à Vitoria en 1972 et enfin à Alagoinhas, dans l'État de Bahia, à partir de 1978. En Amérique du Nord, une fraternité s'installe aussi, de 1978 à 1992, dans un quartier pauvre de New York.

Sous la dictature militaire, la vie n'est pourtant pas rose au Brésil et la suspicion à l'égard des religieux étrangers toujours palpable. Plusieurs tentatives s'avèrent infructueuses pour obtenir un visa de longue durée, y compris par l'intermédiaire de l'abbé bénédictin auprès du chef d'état-major des armées. Le religieux les a présentés ainsi au militaire : « Ce sont des frères qui viennent chez nous pour prier. » Ce qui rassure le général Albuquerque Lima, toujours prompt à dénoncer les engagements subversifs des clercs. Il s'est alors écrié : « Ah, c'est ce qu'il faut ! » Pieux mensonge du moine ? Certes, non. Mais péché par omission assurément, pour une demande finalement couronnée de succès grâce à l'intervention décisive de l'archevêque de Salvador, Mgr Eugenio Sales.

Toutes ces implantations sont placées sous le signe de la « dynamique du provisoire », l'un des mots clés de Taizé, à cette époque. De même, « Lutte et contemplation », « Signe de contradiction », « Réconciliation et communion » : les thèmes du concile des jeunes vont prendre les accents différents des cultures et des réalités socio-politiques des continents visités.

Lutte et contemplation en Amérique latine

Angelina se souvient avec une émotion amusée de ses voyages pour préparer ou poursuivre le concile des jeunes où l'on envoyait les permanents à travers le monde sans aucune préparation. « Nous partions presque sans argent avec plusieurs billets d'avion et une ou deux adresses en poche, sans savoir où nous allions. Nous étions de vrais novices. Et pourtant on nous faisait confiance. » Brésil, Argentine, Bolivie, Mexique, Chili, Paraguay… C'est ainsi que la jeune Espagnole, entrée depuis chez les sœurs de Saint-André à Taizé, a fait le tour de l'Amérique latine pour organiser des rencontres, repérer les « lieux d'espérance ». Seule ou le plus souvent à deux, comme c'est écrit dans les Actes des Apôtres, accompagnée par un jeune du pays concerné. « Nous visitions les communautés de base, les habitants des bidonvilles. Nous écoutions les gens nous dire ce qu'ils vivaient. Nous tentions de prier avec eux. Jamais nous ne parlions de nous. Le contexte était difficile. » Plusieurs rencontres de jeunes ont été organisées avec frère Michel, au Pérou, en Colombie, ainsi qu'en Argentine en 1973, à la Rioja, dont l'évêque sera assassiné par les militaires peu de temps après. Un thème de Taizé résonne particulièrement à l'époque dans les oreilles de ces jeunes démunis, nourris de théologie de la libération : « Lutte et contemplation ». « Certains étaient surtout dans l'action, voire l'activisme, et ne comprenaient pas très bien notre démarche, précise Angelina. Au cours d'une rencontre en 1975 au Paraguay, un jeune de la guérilla m'avait ardemment invitée à les rejoindre dans leur lutte armée contre la dictature militaire. »

Étrange situation pour ces jeunes bénévoles européens, solidaires des laissés-pour-compte sud-américains. Ils avaient le plus grand mal à leur faire comprendre que le modèle communiste prôné comme alternative à l'injustice et la répression subies, n'avait pas donné des résultats probants là où il s'appliquait. Ils avaient évidemment à l'esprit la situation des pays de l'Est de l'Europe où plusieurs d'entre eux se rendaient en secret !

Depuis 1978, une fraternité d'une demi-douzaine de membres s'est implantée avec frère Michel au Brésil, à

Alagoinhas. De plus en plus de jeunes, à travers le pays, connaissent Taizé par cette fraternité et par des rencontres – les Journées de la confiance – organisées chaque année dans une ville différente, sur le modèle des rencontres européennes. Celle de Salvador en 2001 a rassemblé près de dix mille personnes.

L'Amérique latine a toujours eu une place particulière dans le cœur du prieur de Taizé. Sans doute du fait des amitiés nouées avec ses évêques durant le Concile. Mais aussi à cause de la répression militaire qui s'est abattue sur ces pays, dès la fin des années soixante. Ainsi, il tient à exprimer sa solidarité avec le peuple chilien, victime d'un coup d'État fomenté par le général Pinochet, en s'y rendant en 1975. À partir de cette date, frère Roger va chaque année dans les pays de l'hémisphère Sud connaissant une situation difficile. Une tradition reprise par son successeur, frère Alois.

Être signe de contradiction en Afrique

La présence des frères de Taizé remonte à la fin des années cinquante en Côte-d'Ivoire, puis dans les années soixante au Niger et au Rwanda. Mais c'est au milieu des années soixante-dix que leur implantation devient plus significative en Afrique. Dans la mouvance du concile des jeunes, il est décidé de poursuivre des temps de célébrations sur les divers continents. Jeune institutrice qui avait été en coopération en Afrique avec les Volontaires du progrès, Marie-Andrée est envoyée en 1975 en mission au Cameroun, aux deux « Congo Brazza et Kinshasa », puis au Rwanda, au Burundi et au Sénégal... Au fur et à mesure que l'ouverture des célébrations approche, elle est rejointe par d'autres jeunes, dont son futur mari, Dominique, et par deux frères de la communauté, Léonard et Armin.

« Notre rôle consistait à mettre des chrétiens en relation les uns avec les autres. Cela restait très modeste. Mais des groupes aussi divers que la Joc (Jeunesse ouvrière chrétienne), des équipes du Rosaire et des paroisses protestantes, qui vivaient le Christ de manière différente, ont découvert ce qui se faisait en dehors de chez eux et ont créé des liens. Nous étions accueillis dans les quartiers, les paroisses... »

Chercher les signes d'espérance au milieu d'une population frappée par le chômage, la pauvreté, être signe de contradiction dans des milieux marqués par la corruption, tels sont les défis d'une présence de Taizé en Afrique. Les célébrations « conciliaires » de Douala au Cameroun, en décembre 1975, et de Lubumbashi au Zaïre, en avril 1976, ne rassemblent que quelques centaines de personnes. Mais elles sont un signe très important pour les chrétiens des pays d'Afrique concernés.

« Dans le Nord Cameroun, nous avons expérimenté la manière de vivre en minoritaires au milieu d'une population musulmane », soulignent Dominique et Marie-

Andrée. Le monde musulman est, aux yeux de frère Roger, l'un des enjeux de la présence de Taizé sur le continent. Il veut établir un pont avec cet autre monde appelé à devenir un véritable défi pour l'Occident. Mais il y voit aussi le signe d'une présence symbolique au milieu des plus pauvres. Une manière de sortir du désenchantement ambiant, de « vivre l'inespéré », pour reprendre les termes du livre qu'il a écrit en 1976. Et il est persuadé que l'Afrique a beaucoup à apprendre aux Occidentaux. Encore adolescent, il se souvient de la venue d'un pasteur africain dans la maison familiale. Sa mère avait alors déclaré : « La foi s'en va en Europe ; mais c'est d'Afrique qu'elle nous reviendra dans sa fraîcheur première. »

Poursuivant ses visites à travers la Terre, frère Roger se rend à Nairobi et à Soweto, en Afrique du Sud, en 1978. Son séjour au Kenya inaugure une petite fraternité durant douze ans dans le bidonville de Mathare. « Cette présence a marqué la population qui en parle encore aujourd'hui », témoigne frère Luc.

Depuis 1992, cette petite « communauté » s'est déplacée au Sénégal, à Grand Yoff, un quartier musulman pauvre de Dakar.

Quand on leur demande ce qu'ils font là, les frères répondent à la manière de la salutation wolof, la langue locale : « Nous sommes là, c'est tout. On partage la vie du quartier. Nous tentons d'être leurs frères. » À la fois pleinement solidaires de la population et signes de contradiction, ils témoignent du vivre-ensemble d'un groupe d'hommes, divers par l'origine, la nationalité, l'âge. Ils proposent un espace de silence et de prière au cœur de l'agitation et du bruit. Les chants de Taizé sont traduits en langue locale et épousent les rythmes de ce continent. Leur méditation prend les couleurs du quartier, bruissant des cris, des rumeurs, de l'appel du muezzin. « Vivre en population musulmane implique d'abord de porter sur les croyants un regard qui reconnaisse en eux l'œuvre de Dieu », note frère Denis, le responsable de la fraternité[1].

La communion asiatique

Très tôt, Taizé se tourne vers l'Orient. Les premières visites d'un Asiatique sur la colline remontent à 1947. Et c'est en 1974 que les frères viennent vivre au Bangladesh. Dans un pays où les chrétiens sont une infime minorité, ils s'occupent, depuis plus de trente ans, des déshérités avec des musulmans. « Ce sont les pauvres et les faibles qui nous réunissent », a coutume de dire frère Frank, le responsable qui y vit depuis l'origine. Et c'est avec émotion que nous l'entendons évoquer le sourire de Jaïm, ce jeune handicapé musulman blessé par un attentat intégriste. Ou encore parler d'Aïcha, qui a eu les jambes coupées par un train après une tentative de suicide. Rejetée de tous les siens,

1. *Taizé au vif de l'espérance*, *op. cit.*

elle dirige aujourd'hui l'atelier de tapis initié par les frères.

Mais c'est sans doute la relation forte du prieur avec mère Teresa de Calcutta, à partir de 1976, qui marque durablement la présence de Taizé sur le continent asiatique. Ils écrivent trois livres ensemble – *Le Chemin de croix* ; *Marie, mère de réconciliations* ; *La Prière, fraîcheur d'une source*[1]. Venue sur la colline, durant l'été 1976, la fondatrice des Missionnaires de la charité accueille chez elle le frère Roger et sa petite équipe intercontinentale l'hiver suivant. Ils passent de longues semaines dans un quartier pauvre de Calcutta. La deuxième Lettre au peuple de Dieu y voit le jour. Elle est rendue publique à Notre-Dame de Paris dans une grande rencontre en décembre. Au moment de leur départ, elle confiera à Roger, Sonaly, une petite fille fragile de son orphelinat pour qu'elle soit élevée en France.

Calcutta, Madras (1985, 1988), Manille (1991), une succession de rencontres de toutes tailles… Retraites et pèlerinages, visites dans les pays où les chrétiens vivent des situations difficiles, comme au Pakistan, au Cambodge, en Indonésie… Une fraternité de quelques frères est implantée en Corée du Sud depuis 1979. Dans l'autre Corée, celle du Nord, pourtant verrouillée à toute incursion étrangère, un frère de la communauté apporte même, en partant de France, une aide humanitaire de

1. Éditions du Centurion/Bayard.

l'Opération Espérance. Dès la fin des années soixante-dix, le Belge Ghislain, avec Parfait l'Africain d'abord, puis avec André l'Indonésien, parcourent le continent en pèlerins. « Nous sommes seuls et démunis, c'est ce qui permet d'étonnantes rencontres et nous nous faisons plus facilement aider, raconte frère Ghislain. Nous répondons aux invitations pour animer des prières, des retraites, des rencontres... J'observe une soif universelle de sens, comme dans cette université japonaise près de Kobe, où j'ai été invité à parler à deux cents étudiants. »

À la suite de nombreux contacts, les responsables d'Églises ont demandé à la communauté de travailler avec les jeunes de leurs pays respectifs. Cela a amené les frères à collaborer avec les commissions de la jeunesse de presque tous les pays d'Asie. Travail salué par les responsables catholiques et protestants comme un modèle renouvelé de l'apostolat des jeunes. Depuis 1987, des centaines de jeunes d'Asie envoyés par leurs évêques et pasteurs participent aux rencontres et séjournent plusieurs mois en Bourgogne. En 1990, les frères ont été invités par les présidents des évêques asiatiques à animer les prières du soir de leur conférence continentale de Bandung, en Indonésie. « Taizé réveille l'Asie à sa propre identité spirituelle et bâtit des ponts entre les cultures », écrit alors Mgr Thomas Menamparampil, président de la commission d'évangélisation des évêques d'Asie. Et son homologue l'archevêque Henry D'Souza, déplorant la disparition de la grande tradition de tolérance sur le continent, y compris religieuse, de renchérir : « L'Asie déchirée par les dissensions et marquée par une grande diversité a besoin de réconciliation… Et peut-être que le don de Taizé pour l'Asie est celui de la réconciliation[1]. »

1. *Église d'Asie*, nº 236, février 1997.

CHAPITRE X

Une tête de pont vers l'Est (1970-1989)

Décembre 1980 : la Rome de Jean-Paul II – le pape polonais – accueille pour la première fois la rencontre européenne de Taizé. La cité pontificale bruisse, comme souvent, d'une multitude de langues. Mais, événement symbolique, les accents slaves ne passent pas du tout inaperçus place Saint-Pierre. Les jeunes de l'autre côté du Rideau de fer sont venus en nombre. Une vraie brèche est ouverte dans ce mur jusque-là étanche. « L'incroyable était en train de se produire. Nous nous sommes dit alors : c'est possible ! » se souvient Maria Prusak, l'une des responsables du voyage de huit cents Polonais dans la Ville éternelle. « Dans ces années-là, nous étions comme des poissons ayant toujours vécu dans un aquarium, qui découvraient l'océan », renchérit la Hongroise Anna Balint.

D'autres rassemblements permettent la rencontre des jeunes de plusieurs pays, voire des deux mondes : en Allemagne de l'Est, en 1980, à l'invitation des évêques luthérien et catholique : Dresde, avec six mille participants, et Erfurt, dix mille le lendemain ; puis Ljubjana en Slovénie (1987), à Pecs en Hongrie (avril 1989), six mois avant la chute du mur de Berlin. Certaines rencontres se déroulent dans des conditions fort difficiles, en particulier durant la période de glaciation qui suit les timides ouvertures des régimes totalitaires. C'est le cas à Prague (en 1981 et 1988) et à Budapest (en 1983), où frère Roger, interdit de parole, assure une présence silencieuse fort expressive.

« Nous avons découvert que nous pouvions vivre vraiment libres, même dans une oppression lourde », note Maria Kaplan, députée au parlement tchèque au moment de la chute du régime communiste. Son mari avait été emprisonné dans les années soixante-dix pour avoir traduit, entre autres, des livres dc Taizé.

Désormais, les jeunes chrétiens s'affichent

Pourtant, à partir des années quatre-vingt, le processus de libération est en route. Alors que les pèlerins de l'Est n'ont arraché jusqu'à présent que des invitations individuelles pour se rendre à l'étranger, l'épiscopat polonais obtient la possibilité d'aller aux rassemblements en groupe. Certes, après la rencontre de Rome, le régime Jaruzelski aux abois impose un état de siège pour tenter d'enrayer la vague de Solidarnosc qui le menace. « Mais les intimidations et restrictions ne sont pas parvenues à enrayer ce mouvement de fond », précise Maria Prusak, aujourd'hui professeur de littérature à l'université catholique de Varsovie. En décembre 1981, seul lien alors autorisé, des camions de nourriture sont envoyés de Taizé en Pologne. Sur la colline bourguignonne, les jeunes déposent des fleurs en forme de croix devant la vierge de Czestokowa, en signe de solidarité. « La génération précédente avait connu la prison, les intimidations, la peur. Et notre génération n'avait plus peur. Elle se sentait forte, soutenue par de nombreux amis hors de notre pays », affirment plusieurs ressortissants de l'Est qui avaient vingt ans dans ces années-là.

Désormais, les jeunes chrétiens de l'Est s'affichent tranquillement, massivement. Certes, la *glasnost* de Gorbatchev est passée par-là. Mais une inexorable et profonde détermination vient d'éclore. « C'est le printemps qui refleurit », souligne le Hongrois Attila Thorday. Sur les vingt-quatre mille pèlerins de la rencontre européenne de Rome en 1987, cinq mille viennent de l'Est, dont neuf cents Hongrois. Sur les trente-trois mille participants à celle de Paris, un an plus tard, on en dénombre huit mille cinq cents.

Pour la Croate Dubrovka Prpic, rencontrée au rassemblement de Zagreb en décembre 2006, « ces rassemblements européens ont ouvert les portes d'autres pays. Nous avons été impressionnés par toutes ces origines différentes auxquelles nous n'étions pas habitués, dit-elle. Et par la beauté de la prière, son universalité, véritable ferment d'unité ».

La chute du Mur fait monter l'affluence

À partir de 1989, les séjours estivaux sur la colline de Taizé vont connaître un très fort accroissement. Jusqu'à six mille jeunes de toute l'Europe, certaines semaines, qui feront doubler le taux habituel de fréquentation hebdomadaire. « Totalement démunis au début, les jeunes de l'Est payaient souvent leur séjour en nature, avec ce qu'ils voulaient », témoignent les sœurs de l'accueil. « C'est ainsi que nous nous sommes retrouvés avec des montagnes de couvertures ! » Les témoignages de ces jeunes ayant parcouru des milliers de kilomètres dans des cars brinquebalants sont pourtant unanimes : « Taizé, c'est comme à la maison. Ici on se sent chez soi. » En quelques années, ce minuscule village de quelques dizaines d'âmes leur est devenu familier, plus connu même que certaines métropoles françaises ! Au point qu'un moine bulgare à qui l'on demandait un jour où se trouvait Lyon, a répondu, après un temps d'hésitation : « Non loin de Taizé, je crois » !

La décennie 1980, puis la chute du mur de Berlin en novembre 1989, ont été en fait les révélateurs du lien privilégié qui unit depuis longtemps la communauté avec l'Est de l'Europe. Taizé est en effet une importante tête de pont entre ces deux mondes, étrangers l'un à l'autre, écartelés par une guerre mondiale aux conséquences désastreuses pour l'Europe. L'attraction de Taizé et ses rassemblements européens sont le résultat de liens tissés, au fil des années de plomb, d'abord avec une génération de pionniers en quête de paix et de réconciliation.

Aniela Urbanowicz est l'une de ceux-là. Elle qui a perdu son mari et l'une de ses filles dans les camps de concentration sent la nécessité de bâtir des ponts entre chrétiens et de chercher des alliés au-delà de sa frontière polonaise. Dans son appartement, fut fondé clandestinement le KIK, un club de l'intelligentsia catholique. Elle encouragea aussi le groupe *Znak* des catholiques sociaux et garda une longue fidélité à Taizé. Quelle ne fut pas sa surprise de découvrir, vers la fin des années soixante, dans ce village reculé de Bourgogne, une communauté très au fait de la situation de son pays et priant tous les jours pour les Églises de l'Est étouffées.

Des liens qui remontent à 1960

Les liens avec l'Europe de l'Est remontent en fait au début des années soixante et sont nés d'un triple mouvement. D'abord l'attachement du fondateur à l'orthodoxie. Pas seulement, d'ailleurs, par esprit œcuménique, mais aussi par attirance pour l'esthétique byzantine. Ce sont, en deuxième lieu, les amitiés tissées avec les évêques de l'Est. Et, en dernier lieu, les histoires personnelles des frères et les blessures nées des divisions de l'Europe qui sont la source de leur désir de réconciliation. C'est vrai aussi de l'actuel prieur, frère Alois, dont les parents, paysans allemands, ont quitté le pays des Sudètes, à la frontière tchèque, pour immigrer à Stuttgart après 1945.

La prise de conscience se fait en 1960 avec l'arrivée d'un Allemand, frère Christoph, dans la communauté. Il est de cette génération de jeunes enrôlés dans la Wehrmacht et faits prisonniers en Union soviétique. En 1961, bouleversé par la construction du mur de Berlin qui coupe son pays en deux, il s'en ouvre à son prieur, qui lui propose alors de se rendre en République démocratique allemande. Avec un visa de touriste et la langue russe apprise en captivité, il parcourt l'Allemagne et quelques pays de l'Est. Rejoint dès 1962 par un autre Allemand, frère Rudolph, ils rendent visite, chacun de leur côté, à des jeunes et des familles, animent de modestes retraites. « La République démocratique allemande a été une plate-forme pour toutes les rencontres à l'Est », confie Rudolf. Entre 1966 et 1968, aux beaux jours du printemps de Prague, des groupes de jeunes Tchèques et Slovaques peuvent se rendre dans ce village de France dont ils avaient entendu parler. « La tentation était grande de rester, précise Rudolph, surtout au moment de la répression de Prague par l'armée russe. Mais tous ont respecté leur engagement de retour. »

Un réseau qui se tisse partout

« On s'est rendu compte alors combien ces visites derrière le Rideau de fer étaient importantes pour eux.

Cela ne pouvait pas être un lien éphémère, dit frère Charles-Eugène. Jamais nous n'aurions pensé que cela pouvait donner de telles ramifications. » Car un réseau se tisse en Allemagne de l'Est, en Hongrie, en Pologne, Tchécoslovaquie, Roumanie, Yougoslavie... Lentement, profondément, sur plusieurs décennies. Par le bouche à oreille, par des rencontres informelles dans des lieux discrets, dans des familles, des appartements anonymes de villes, des « camps de ski » et d'été, des maisons retirées dans la montagne ou la forêt... Rudolph et quelques frères parcourent les contrées, seuls ou accompagnés. Marek, le Polonais – le premier ressortissant de l'Est à rejoindre la communauté en 1977, après avoir attendu trois ans son passeport – se souvient de la visite de frère Clément à son aumônerie d'étudiants à Poznan, en octobre 1971.

À partir des années soixante-dix, des jeunes de l'Ouest – souvent des filles, moins suspectées par la police – se rendent également à l'Est. De façon clandestine et souvent précaire. On fait circuler la lettre de Taizé sous le manteau. Attila Thorday, prêtre hongrois, confie l'avoir maintes fois recopiée à la main et passée à des amis. « Car l'impression était interdite. » Il faut être prudent, prendre des précautions pour ne pas compromettre ses interlocuteurs. Frère Alois témoigne avoir appris des adresses par cœur, pour – en cas de fouille – ne pas exposer les amis tchèques qui le reçoivent.

« Ces visites étaient pour nous une bouffée d'oxygène », affirment aujourd'hui tous ces Européens de l'Est. « On se retrouvait juste pour la joie d'échanger, de donner des nouvelles, de prier ensemble. Nous savions qu'il y avait parfois des policiers infiltrés dans nos rencontres. Mais il n'y avait aucune volonté de défier le régime. C'est ce qui nous a certainement permis de durer. »

Le rôle déterminant du Concile

C'est assurément durant le Concile Vatican II que les liens commencent véritablement à se consolider, grâce à des rencontres amicales au sommet. Parmi les familiers qui fréquentent le petit appartement des frères à Rome, Karol Wojtyla, le jeune évêque de Cracovie, Herbert Bednorz, l'évêque de Katowice en Silésie, Franjo Seper, de Zagreb, en Croatie. C'est à cette époque aussi que Jerry Turowicz, rédacteur en chef de l'hebdomadaire catholique polonais *Tygodnik Powszechny*, qui a contribué à faire connaître le message de Taizé dans son pays, devient un ami de la communauté.

À la suite des sessions conciliaires de Rome, les pèlerinages ont une fonction capitale dans la reconnaissance de Taizé. Spécialement en Pologne, qui représente tout de même un cas particulier. Invité par le cardinal Wojtyla, chez qui il loge parfois, frère Roger se rend quatre fois à Piekary (1973, 1975, 1979, 1981), pour parler à des dizaines de milliers de mineurs. Il revient en 1986 pour un rassemblement de jeunes à Varsovie. Chaque année, un petit groupe envoyé par la communauté participe au traditionnel pèlerinage de Varsovie à Czestochowa.

Des liens avec l'orthodoxie russe

Parallèlement, des liens se tissent avec l'orthodoxie russe. En juin 1978, sur l'invitation du patriarche, frère Roger se rend à Moscou et Zagorsk, puis Leningrad. Le visa ne lui est pas refusé, mais il ne peut pas prendre la parole en public. Les contacts avec les jeunes sont fugitifs. Devant les icônes des églises, il se borne à leur chuchoter avec son regard intense : « Le Christ est ressuscité. » Confronté plus tard aussi en Hongrie et en Tchécoslovaquie à ces conditions draconiennes, le prieur y verra pourtant un beau symbole : « Il y avait un sens à être au milieu d'eux, à prier auprès d'eux, à nous tenir en silence avec eux[1]. » L'impact est sûrement encore plus grand. Et c'est depuis ce temps-là qu'à Taizé se déroule la prière silencieuse autour de la croix orthodoxe tous les vendredis soir. Au lendemain du millénaire de la Russie, en 1988, Taizé fit imprimer en France et envoyer la bagatelle d'un million de Nouveaux Testaments en russe ! L'attachement à la chrétienté slave est profond et remonte à loin. Il est visible de maintes manières sur la colline : par les bulbes orthodoxes des clochers, les oratoires et les icônes et aussi

1. Frère Roger, *Choisir d'aimer*, Presses de Taizé, 2006, p. 101.

certains chants qui donnent aux liturgies une grande densité.

Une pépinière de leaders de l'après-communisme

En URSS, comme en Pologne, Hongrie, Slovaquie, Bohème, Allemagne de l'Est..., les pèlerinages, les rencontres même rapides, les correspondances aux heures les plus sombres ont permis de constituer des réseaux informels aux ramifications inattendues. Ils ont tissé des liens solides non seulement entre les deux Europe, mais aussi entre jeunes chrétiens de l'Est qui n'avaient pas d'autres contacts entre eux. Ces réseaux ont fait émerger d'une manière étonnante des leaders d'opinion et des responsables politiques après la chute du Mur. « Taizé nous a apporté une espérance, une vision de l'Église et de la société contre le défaitisme », précise Pal Solt. Président de la Cour suprême de justice de Hongrie après la chute du régime communiste, puis de la Commission des droits de l'homme de l'ONU, ce haut magistrat, agnostique à l'origine, a connu Taizé un peu par hasard. « Un dimanche de Pentecôte 1975, raconte-t-il. L'entrée dans l'église de la Réconciliation et les chants ont été déterminants. À chaque déplacement à l'étranger, j'en profitais pour aller leur rendre visite. J'ai laissé mon adresse. Ils sont restés discrets, mais n'ont pas manqué de me prévenir lors des visites de frère Rudolph à Budapest. On se réunissait discrètement dans des appartements pour prier et discuter. Nous menions une réflexion sur la vision chrétienne de la société. Taizé a joué auprès des intellectuels de ma génération un rôle important de ferment. »

Dès la fin des années soixante, ils sont en effet nombreux à s'être rendus à Taizé. Certains ont eu de grandes responsabilités depuis : Mazowiecki, Premier ministre de Pologne, Peterle en Slovénie, Carnogursky, vice-Premier ministre de Tchécoslovaquie… Sans compter les nombreux membres de gouvernements, députés et hauts fonctionnaires, qui ont joué un rôle de premier plan dans leurs pays respectifs. Comme à Prague, le président Vaclav Havel, présent à une rencontre de Taizé, alors qu'il était le porte-parole des intellectuels dissidents de la Charte 77 : « Frère Roger était pour moi l'un des piliers spirituels de l'Europe qui s'unit », déclara cet illustre incroyant à la mort du fondateur de Taizé[1].

Un contre-modèle au matérialisme

Les fruits de ces rencontres à l'Est auprès de la société civile sont nombreux et sans doute insoupçonnés. « Pour nous étudiants dans les années soixante-dix, confie frère Marek, Taizé a été un espace de liberté. Y compris à l'intérieur de notre Église de Pologne. On y a découvert une manière de présenter un christianisme qui rompait

1. À l'Agence France Presse le 17 août 2005.

avec le dolorisme polonais, un radicalisme évangélique avec sa joie, son ouverture, sa simplicité. »

Taizé reste un contre-modèle face au matérialisme. Celui-ci a changé de nature. De marxiste, il est devenu pratique, consumériste. Mais il représente plus que jamais un défi d'actualité. Aujourd'hui, comme tous les jeunes d'Europe, ceux de l'Est sont invités à redécouvrir le sens de la liberté. Mais pas simplement de celle qui fait tomber les murs entre pays et idéologies ennemis. Plutôt de celle qui, au fond de chacun, se bat avec ses propres esclavages.

CHAPITRE XI

La consécration

Une silhouette courbée, entourée de jeunes enfants. C'est cette image fragile, attentionnée, que l'on garde de frère Roger. C'est aussi ce symbole qui a frappé les hôtes prestigieux de passage à Taizé, comme Catherine Lalumière, alors secrétaire générale du Conseil de l'Europe : « Dans l'église de Taizé, si grande, remplie d'une foule de plusieurs milliers de personnes, ces enfants tenaient des bougies, petites flammes d'espoir et de vie[1]. »

La tribune internationale des prix

Le fondateur de Taizé avait le sens des gestes symboliques qui valent les plus beaux discours. Toute sa vie durant, il les a multipliés, cultivés, mis en scène. Ainsi,

1. Discours prononcé le 20 novembre 1992, à Strasbourg, à l'occasion de la remise du prix Robert-Schuman, du Conseil de l'Europe.

le 2 juillet 1985, il franchissait les portes du palais des Nations unies, à Genève, entouré d'enfants de tous les continents, pour porter au secrétaire général, Javier Perez de Cuellar, un « message de confiance entre les peuples ». C'est entouré d'enfants, dont Marie-Sonaly, sa fille « adoptive », qu'il accueille le pape Jean-Paul II à Taizé, le 5 octobre 1986. Les enfants sont toujours à la place d'honneur des rassemblements, en particulier aux remises de prix qui ont fleuri à partir de la fin des années quatre-vingt. Consécration d'une œuvre dont frère Roger accepte la récompense pour la tribune internationale qu'elle offre. S'il refuse les décorations, comme la Légion d'honneur française, il ne dédaigne pas les prix internationaux qui saluent les actions de la communauté au service de la paix – et dont il reverse les sommes aux plus démunis.

Le prestigieux prix Templeton – pour le progrès de la religion – lui est remis à Londres en 1974 par le prince Philip d'Édimbourg. Honneur décerné l'année précédente à mère Teresa de Calcutta. Au cours de cette année 1974, qui fut celle de l'ouverture du concile des jeunes, il reçoit aussi le prix de la Paix des éditeurs allemands ; il rejoint ainsi une galerie de récipiendaires aussi prestigieux qu'Albert Schweitzer, Karl Jaspers, Gabriel Marcel, le cardinal Bea, Léopold Sedar Senghor…

En 1988, le prix UNESCO d'éducation à la paix lui est remis à Paris par le directeur général de cette institution, Federico Mayor. Avec la chute du mur de Berlin, le tournant des années quatre-vingt-dix est particulièrement marquant dans la reconnaissance des actions accomplies par la communauté en faveur de l'unité européenne. En mai 1989, le prix Charlemagne d'Aix-la-Chapelle l'amène à succéder à Kohl et Mitterrand, lauréats de l'année précédente, mais aussi à Adenauer, Churchill, Juan Carlos d'Espagne et bien d'autres… Le jury salue la poursuite par frère Roger et sa communauté de « la tradition spirituelle de l'Europe telle qu'elle a été façonnée par Benoît de Nursie et François d'Assise[1] ». En 1992, à l'occasion du prix Robert-Schuman, le Conseil de l'Europe, « qui a mission de rassembler la famille européenne de l'Atlantique à l'Oural », déclarait à frère Roger par la voix de sa secrétaire générale : « L'Europe a besoin de vous ! Les jeunes de l'Est ont absolument besoin de ces rencontres et de cette main tendue… Vous êtes européen non seulement parce que vous rassemblez les peuples d'Europe mais parce que vous apportez ce dont ces peuples ont le plus besoin : un message de paix, d'amour et de réconciliation[2]. »

Si tu ne vas pas à Taizé…
Trente ans de rencontres européennes

Taizé est au cœur de cette région de Bourgogne qui a rayonné sur l'Europe, avec Cluny et Cîteaux, des siècles

1. *Taizé au vif de l'espérance*, *op. cit.*, p. 66.
2. Discours de Catherine Lalumière, *cité*.

durant. Qui aurait imaginé un tel héritage pour ce hameau isolé ? Comme l'affirme Marguerite Léna, « l'Histoire jugera peut-être que l'Europe ne s'est pas construite seulement à Rome, Strasbourg ou Bruxelles, mais aussi dans ce minuscule village où la jeunesse européenne de l'Est et de l'Ouest ne se lasse de déferler[1] ». Et si tu ne vas pas à Taizé, Taizé ira à toi. À coup sûr, les rencontres annuelles animées par la communauté dans une métropole du continent européen ont joué un rôle clé dans sa notoriété et sa dynamique. Elles sont nées en 1978 d'une intuition qui faisait suite aux voyages dans les pays du Sud, pour partager avec les plus pauvres. « Nous avons pensé qu'il fallait chercher des moyens de stimuler des jeunes à découvrir leur Église locale comme lieu d'espérance et à y prendre des responsabilités, en préparant au moins une fois par an une rencontre avec les paroisses d'une grande ville », explique frère Émile.

C'est à Breda, aux Pays-Bas, en 1977, au retour d'un voyage en mer de Chine avec une petite équipe intercontinentale, qu'a germé en frère Roger la première esquisse d'un rassemblement qui prendra sa vraie dimension l'année suivante à Paris. Plusieurs milliers de jeunes s'étaient retrouvés dans la halle de la ville hollandaise pour méditer « La lettre à toutes les générations », écrite dans une cabane sur pilotis au milieu des jonques de Hong Kong, quelques jours plus tôt[2].

1. *Études*, juillet-août 1992.
2. *La Baraque de Taizé*, reportage de Jean-Claude Escaffit dans *La Croix* du 10 décembre 1977.

À Paris, en 1978, ils furent quinze mille à se répartir pour les prières communes entre Notre-Dame et Saint-Sulpice, reliés par le son d'une simple ligne téléphonique.

Depuis, ces rencontres, qui ont lieu entre Noël et le Jour de l'an, font converger vers une métropole européenne[1] plusieurs dizaines de milliers de jeunes – parfois plus de cent mille, comme à Vienne en 1992 et à Paris en 1994. Elles sont autant d'étapes du Pèlerinage de confiance sur la Terre. Avec la chute du mur de Berlin et l'ouverture des frontières de l'Est, les églises ne suffisent plus pour accueillir la prière commune de midi et du soir. De Lisbonne à Budapest, de Hambourg à Milan, les parcs des expositions des grandes métropoles se transforment alors en lieux d'intériorité !

« Chaque journée commence par une prière dans les paroisses, précise frère Émile. Elle est suivie de temps d'échanges en petits groupes, pour donner l'occasion à des jeunes de vivre une expérience de l'Église comme lieu d'amitié, d'accueil et de communion. Dans l'après-midi, des carrefours de réflexion leur permettent non pas de fuir les défis et les questions de nos sociétés, mais de voir comment y faire face. Ces rassemblements

1. Rencontres de Paris : 1978, 1983, 1988, 1994, 2002 ; Barcelone : 1979, 1985, 2000 ; Rome : 1980, 1982, 1987 ; Londres : 1981, 1986 ; Cologne : 1984 ; Wroclaw (Pologne) : 1989, 1995 ; Prague : 1990 ; Budapest : 1991, 2001 ; Vienne : 1992, 1997 ; Munich : 1993 ; Stuttgart : 1996 ; Milan : 1998, 2005 ; Varsovie : 1999 ; Hambourg : 2003 ; Lisbonne : 2004 ; Zagreb : 2006 ; Genève : 2007 ; Bruxelles : 2008.

européens posent un signe, non seulement à l'intérieur du monde chrétien, mais vis-à-vis de la société. Un signe d'espérance au cœur de la complexité des villes. »

Étonnante école de responsabilité

Pour loger, nourrir, déplacer, animer, faire prier et communiquer entre eux jusqu'à une centaine de milliers de participants, il faut en principe une logistique phénoménale. On est pourtant surpris par la méthode artisanale de préparation et les moyens dérisoires qui sont mis en œuvre. En septembre, un peu plus de trois mois avant l'événement, une poignée de frères s'installe dans la ville dont ils ont exploré les possibilités dix-huit mois plus tôt. Là vient les rejoindre une équipe de jeunes permanents et de sœurs de Saint-André. Et commencent alors « les visites », un mot clé dans la culture et l'organisation taizéennes. À l'heure du téléphone et d'Internet, la rencontre personnelle reste la méthode la plus efficace. Non sans susciter quelques étonnements. « Nous débarquons dans une paroisse, raconte avec humour un frère, parfois sans parler la langue, sans connaître personne et pour expliquer que l'on va organiser une rencontre de dizaines de milliers de jeunes et qu'il faudra en accueillir plusieurs centaines chez eux ! » Alors se mettent en place des noyaux de préparation dans chacun des trois ou quatre cents points d'accueil de la région. Ce système empathique d'organisation par arborescence peut impliquer jusqu'à cinq mille personnes. Sans parler des milliers d'habitants qui offrent gracieusement le gîte. Lors de la rencontre de 2006 à Zagreb, tous les jeunes étaient logés dans les familles. Il en a été quasiment de même à Genève en décembre 2007.

Pendant la rencontre, les plus sceptiques sont convaincus par les résultats. Les témoignages abondent. Y compris dans les médias. À une période où l'actualité est marquée par la trêve des confiseurs, entre Noël et le Jour de l'an, le rassemblement suscite un vif intérêt. Les plus prestigieux quotidiens européens saluent l'apport de Taizé à la vie des sociétés, soulignant son utopie pour un monde réconcilié. De leur côté, les télévisions colportent à l'envi des images d'une jeunesse bien dans son temps, joyeuse, fervente et disciplinée.

« Happening » sans suite ? « Ce préjugé s'écroule quand on se penche sur la façon dont ces rencontres sont préparées et les suites qu'elles provoquent », insistent Jean et Michèle Gheur qui ont participé à l'organisation de plusieurs rassemblements[1]. L'après-Taizé laisse des traces dans la vie locale. À la suite de Barcelone 2000, pas moins de soixante-dix groupes réguliers de prière ont été créés dans le diocèse. Après la 21e rencontre européenne à Milan, le cardinal Martini écrit dans le journal catholique *Avvenire* du 6 janvier 1999 : « À la lumière de cette expérience, j'attends que notre Église soit et devienne toujours plus une Église accueillante, vraie maison pour

1. *Taizé au vif de l'espérance*, *op. cit.*, p. 75.

tous, où personne ne se sente exclu. » Combien de responsables d'Église et de collectivités locales disent que la rencontre de Taizé permet de faire connaître à leurs ouailles, à leurs administrés, des réalités de leur propre ville, de leur diocèse qu'ils ne soupçonnaient parfois pas. Des Romains gardent un souvenir impérissable de leur descente dans les catacombes, en 1980, pour y retrouver, à quelques milliers, la vocation de l'Église dans ses profondeurs.

Étonnantes écoles d'apprentissage de la vie ecclésiale et de responsabilité, les rencontres européennes de Taizé ont fait à leur tour école. Tout le monde s'accorde à dire que les Journées mondiales de la jeunesse, créées en 1986 par Jean-Paul II, se sont fortement inspirées d'une formule qui a fait largement ses preuves.

« Comme on passe près d'une source », avec Jean-Paul II

Le point d'orgue de la consécration de la communauté de Taizé, c'est sans conteste la visite que Jean-Paul II lui fait, lors d'un voyage dans la région lyonnaise et à Annecy, en octobre 1986[1]. L'archevêque de Cracovie s'est

1. Elle sera suivie six ans plus tard, en août 1992, par la visite du primat de l'Église anglicane, George Carey, archevêque de Canterbury, avec un millier de jeunes de tous les diocèses d'Angleterre. Les quatorze évêques de l'Église luthérienne de Suède se rendront aussi à Taizé en mai 1994.

déjà rendu à Taizé, à deux reprises : en 1964 durant le Concile et en 1968. L'accueil par le prieur est fraternel et fort chaleureux dans ce matin frisquet d'automne. Le brouillard est alors épais sur la colline de Bourgogne, interdisant à l'hélicoptère pontifical de se poser. C'est par la route que ce pèlerin inhabituel a gagné le village bourguignon, rejoignant ensuite à pied une église de la Réconciliation comble. Sept mille jeunes venus de tous les coins de France, et au-delà, débordaient jusque sur la route où avaient été installés des écrans de télévision. Durant toute la nuit, ils se sont relayés pour une prière continue jusqu'à l'arrivée du prestigieux hôte, à huit heures trente.

Répondant aux paroles enthousiastes de bienvenue de frère Roger, le pape alors déclare : « Comme vous, pèlerins et amis de la communauté, le pape n'est que de passage. Mais on passe à Taizé comme on passe près d'une source. Le voyageur s'arrête, se désaltère et continue sa route. [...] Aujourd'hui, dans toutes les Églises et communautés chrétiennes, et jusque parmi les plus hauts responsables politiques du monde, la communauté de Taizé est connue pour la confiance toujours pleine d'espérance qu'elle place dans les jeunes. C'est avant tout parce que je partage cette confiance et cette espérance que je suis ici ce matin... » Propos de soutien sans équivoque. Mais ce sont assurément les paroles de reconnaissance prononcées ensuite devant les seuls frères de la communauté, serrés dans la sacristie, qui ont été les plus fortes. Elles feront taire un moment les critiques des milieux conservateurs du Vatican qui n'avaient pas épargné la communauté. Mais elles ne mettront pas un bémol aux tensions avec une Église réformée de France, qui voyait dans cet accueil déférent un nouveau signe de l'allégeance à l'évêque de Rome.

CHAPITRE XII

Des tensions qui s'apaisent (1986-2000)

Le 5 octobre 1986, devant la centaine de frères réunis dans la sacristie de l'église de la Réconciliation, Jean-Paul II déclare : « Je ne l'oublie pas : dans sa vocation unique, originale et, même, en un certain sens, provisoire, votre communauté peut susciter l'étonnement et rencontrer l'incompréhension et le soupçon. Mais à cause de votre passion pour la réconciliation de tous les chrétiens en une communion plénière, à cause de votre amour de l'Église, vous saurez continuer, j'en suis sûr, à être disponibles à la volonté du Seigneur. » C'est dit.

Le pape rappelle que l'œcuménisme est une priorité pastorale de son ministère, il ne réaffirme pas seulement son soutien à une communauté qui subit des critiques. Mais il laisse entendre qu'il n'ignore pas les méfiances exprimées à l'égard de Taizé. Sans nommer qui que ce soit, personne n'est dupe. Fait-il aussi allusion aux responsables catholiques ? Jusque dans son entourage même ? En tout cas, cette déclaration marque la fin d'une époque. De 1974 à

1986, la communauté a subi les anathèmes de groupes traditionnels et souffert de certaines suspicions romaines. « À partir de ce moment, nous avons été laissés tranquilles », reconnaît un frère de la communauté.

Mgr Gérard Daucourt, en poste à Rome au Conseil pour l'unité des chrétiens de 1984 à 1991, révèle de son côté que la Curie avait émis une fin de non-recevoir à l'invitation du pape à Taizé, lors de son voyage programmé à Lyon en octobre 1986. Les raisons évoquées étaient pratiques. Mais cette invitation bousculait en fait les équilibres diplomatiques – notamment dans le domaine œcuménique – mis en place par les services romains avec les responsables locaux. C'est donc Jean-Paul II qui a imposé cette visite. L'archevêque de Lyon, le cardinal Decourtray, est venu rapporter à la communauté, en août 1986, les paroles du pape : « Par cette visite, je veux accréditer Taizé », lui a dit Jean-Paul II. Depuis la préparation de ce voyage, les relations avec le cardinal, primat des Gaules, se sont intensifiées, selon les frères, dans un climat de confiance encore plus grand.

De même, à cette époque, grâce aussi aux rassemblements européens animés par la communauté, beaucoup de paroisses catholiques, particulièrement en France, ont vu leurs réticences fondre. Elles avaient longtemps observé une certaine distance à l'égard du phénomène Taizé. Par crainte de voir les jeunes s'évader vers un lieu chaud et protégé et vider un peu plus leurs églises ? Depuis le début des années quatre-vingt, la plupart d'entre elles changent de regard et tentent de s'adapter à la nouvelle religiosité juvénile. Elles sont aujourd'hui persuadées que nombre d'entre eux ne les fréquenteraient pas plus si Taizé n'existait pas. C'est le contraire qui se passe : à la différence de mouvements et de groupes charismatiques, la communauté a toujours renvoyé les jeunes dans leur église locale. « Venir à Taizé, c'est se préparer souvent à assumer des responsabilités de retour chez soi », confie, parmi tant d'autres, une responsable des aumôneries de collèges et lycées à Verdun. Si Taizé n'est pas fréquentée par les groupes de chrétiens identitaires et peu par les communautés charismatiques, c'est devenu cependant un des lieux incontournables de la pastorale de la jeunesse des diocèses et des aumôneries de lycées. Elle fait partie du patrimoine religieux européen, même si certains ont mis du temps à reconnaître ses mérites, à commencer dans son propre pays d'élection, la France.

Cependant, la visite papale à Taizé, par ses côtés « triomphalistes », n'a pas toujours été au goût des Églises protestantes de France. Depuis une dizaine d'années, les liens institutionnels ont été quasi inexistants avec la communauté. Et ce n'est pas non plus, quelques mois plus tard, la conversion au catholicisme d'un de ses plus anciens membres qui va aider à les restaurer.

1987 : Malaise autour d'une ordination « secrète »

En 1987, l'ordination secrète au sacerdoce catholique de Max Thurian, le plus connu des théologiens de la communauté[1], et l'un des leaders du groupe œcuménique des Dombes, va renforcer le malaise. « Cette ordination confidentielle dans le diocèse de Naples fut un révélateur, pense le pasteur Michel Leplay, membre du groupe des Dombes durant quarante ans. Et elle a conforté les protestants anti-catholiques dans leur suspicion : "On vous avait bien dit que Taizé avait été récupéré par Rome !" Au groupe des Dombes, nous avons très mal vécu le silence de Max. » Et pas seulement du côté protestant d'ailleurs. Peut-être plus encore chez les théologiens catholiques ! Le père Bernard Sesboüé, qui en a été membre de 1967 à 2005, et l'un de ses coprésidents, confirme : « Pour le cinquantième anniversaire du groupe, dont Max était l'un des leaders incontestés, nous avions été surpris de son absence sans explication... Et nous en avons eu la raison un an plus tard : il s'était fait ordonner prêtre, le 3 mai 1987, à Naples. Ce n'est qu'en janvier 1988 que je l'ai appris à Rome, à la commission mixte catholiques-protestants de l'Alliance réformée mondiale. Je n'arrive toujours pas à comprendre cette stratégie du silence qui pouvait faire capoter notre groupe œcuménique, et je le lui ai même écrit fraternellement. »

Max Thurian, dans plusieurs lettres dont nous avons eu connaissance, s'explique sur les raisons de ce silence et sur sa démarche. « J'ai désiré que ma décision

1. La communauté compte d'autres théologiens : François, Pierre-Yves qui a publié sur l'œcuménisme, sur saint Bernard et sur les cisterciens, John et Richard dont les écrits sont consacrés à une présentation pédagogique de la pensée biblique.

demeure discrète pour que personne – particulièrement ma mère très âgée – ne souffre du bruit qu'on aurait pu en faire et parce qu'elle s'inscrit dans une démarche spirituelle, selon l'Évangile », écrit-il à ses amis du groupe. Et de poursuivre : « Je garde un grand respect pour la tradition réformée qui m'a communiqué avec force la Parole de Dieu. [...] Depuis longtemps, je me sentais profondément catholique [...]. C'est un ensemble de réflexions théologiques, de dialogues œcuméniques, d'expériences liturgiques, d'événements ecclésiaux et personnels qui constituent mon cheminement vers le sacerdoce ministériel catholique. » Et de citer le Concile, le travail autour de la liturgie, des sacrements..., et d'insister particulièrement sur l'Eucharistie redécouverte par Vatican II et sur « le caractère sacramentel du ministère ordonné dans la continuité de l'Église des apôtres ». Sans oublier « l'unité garantie par les successeurs de Pierre ». Autrement dit, la cohésion d'une Église catholique qui peut traverser les tempêtes grâce à un timonier menant la barque avec autorité.

« J'ai été bouleversé par cette décision, car je ne m'y attendais vraiment pas, avoue le pasteur Jacques Maury, ancien président de la Fédération protestante. Nous étions étudiants avec Max, à la faculté de théologie de Genève, durant un semestre en 1942 ; beaucoup plus tard, nous avions fait partie de la même commission du Conseil œcuménique des Églises. Dans sa manière de penser, il était resté beaucoup plus protestant que Roger Schutz. »

Des suspicions de conversion à l'égard du prieur

Ce qui apparaissait comme une attraction pour la fonction papale a fait soupçonner frère Roger d'être devenu lui aussi catholique en secret à cette époque. Mais nous pouvons affirmer ici qu'il n'a jamais sauté le pas. Son successeur, que nous avons interrogé, réitère ses propos tenus dans *La Croix* du 7 septembre 2006 : « Frère Roger ne s'est jamais converti formellement au catholicisme, affirme frère Alois. S'il l'avait fait, il l'aurait dit, car il n'a jamais rien caché de son cheminement. » Plusieurs proches et moins proches nous ont confié le trouble du fondateur de Taizé – certains parlent même de son bouleversement – d'avoir appris l'ordination de Max, une semaine après, par une lettre de son compagnon des premiers jours. Il pensait particulièrement aux conséquences que cela pouvait avoir sur les relations œcuméniques. « Oui, frère Roger a été étonné d'apprendre seulement après coup cette ordination sacerdotale, nous confie frère Alois. Mais il nous a souvent dit qu'à l'instant même il l'avait acceptée. Et il ajoutait : “À nous de tout faire pour que le sacerdoce donne à Max une paix et soit dans sa vie une réalité de plénitude.” Aucun de nous n'a fait de remarque négative à frère Max, qui a continué à venir à Taizé tous les deux mois. Il y célébrait la messe. Et il a écrit dans son testament son souhait de reposer dans le cimetière du village à côté de ses frères. »

On peut toutefois noter l'embarras de la communauté qui mettra des mois à réagir publiquement à cette ordination. « Pour respecter le désir de discrétion de frère Max », se défend-elle. Une raison évidente, mais donne-t-elle la mesure de la gêne ? Par un communiqué publié le 10 mai 1988, alors que la rumeur s'était beaucoup répandue, elle annonçait l'ordination du théologien et précisait que ce n'était pas le premier prêtre de la communauté[1]. Certes, mais c'était le premier protestant, et non des moindres. Les remous autour de cette ordination ont d'ailleurs embarrassé Rome. Et ont alimenté plus tard les rumeurs de « conversion secrète » de frère Roger. Le Saint-Siège a même demandé à l'un des évêques français, proche de la communauté, de chercher à en savoir plus. Une enquête discrète, qui a conclu à un non-lieu.

Vivre toutes ses racines sans exclusivisme

Certes, dans les déclarations du fondateur de la communauté sur le catholicisme, certains pourraient relever des ambiguïtés qui tiennent à sa situation de passeur entre les diverses traditions. Frère Roger est toujours resté sur cette ligne, exprimée notamment à Katowice en Pologne, le 25 mai 1975, devant Mgr Wojtyla : « Ce qui est demandé à l'évêque de Rome, c'est de tout disposer

1. Actuellement, la communauté compte quatre prêtres : Bruno au Brésil, Marek, Hector et Josef.

pour que la réconciliation des chrétiens s'accomplisse sans demander aux non-catholiques de passer par un reniement de leur famille d'origine. Même en vue d'une communion plus universelle, plus œcuménique, vraiment catholique, renier va contre l'amour[1]. » Et de réaffirmer publiquement en décembre 1980, à Rome, devant le pape : « J'ai trouvé mon identité de chrétien en réconciliant au-dedans de moi le courant de foi de mes origines évangéliques avec la foi de l'Église catholique. » Sentiment d'être un peu bigame ? C'est ainsi, en tout cas, que la théologienne protestante France Quéré qualifiait sa propre sensibilité. « En fait, pense Mgr Daucourt qui l'a intimement connu, il vivait pleinement toutes ses racines chrétiennes : protestantes, catholiques et même orthodoxes. Un cas unique au monde ! » Et une situation qui en déconcerte plus d'un. « Frère Roger rcfusait la perspective exclusiviste de nos théologies, analyse Gill Daudé, l'actuel responsable des relations œcuméniques de la Fédération protestante. C'était son originalité. Pour nos Églises, prises dans leur gangue culturelle, on ne peut être que catholique ou protestant, mais pas les deux à la fois. Et l'un et l'autre ne pouvaient partager l'Eucharistie et la Cène. Frère Roger refusait cet exclusivisme, dépassé à ses yeux. » En prônant un « mystère de communion » qui refusait de choisir en excluant, le fondateur de Taizé a cherché à vivre jusqu'au bout, sans syncrétisme, une unité encore indicible.

1. José-Luis Gonzalez-Balado, *Le Défi de Taizé*, *op. cit.*, p. 60.

Arrêter de ressasser le passé

C'est ce qui a amené le pasteur Daudé, à propos de la polémique sur sa présumée conversion secrète, à écrire dans *La Croix*[1] : « Respectons la mémoire de frère Roger. En catégorisant ce qu'il ne voulait pas catégoriser, cela nous évite à bon marché de nous laisser interpeller par une démarche de réconciliation qui nous dérange… » Certes, on a vu le prieur de Taizé recevoir la communion des mains du cardinal Ratzinger à l'occasion de l'enterrement de Jean-Paul II, en avril 2005. Mais, à l'instar de tous les frères de Taizé, il communiait ouvertement et officiellement à l'Eucharistie catholique, y compris des mains de Jean-Paul II, depuis 1972, date de l'engagement à vie du premier frère catholique. Sa première hostie, il l'a reçue, après l'autorisation de Rome, des mains de l'évêque d'Autun, Armand Le Bourgeois, sans professer de foi particulière autre que le Credo commun à tous les chrétiens[2].

Il est intéressant de constater que les protestants ont été les plus prompts à réagir dans la défense du prieur

1. Du 7 septembre 2006, et qui comporte également une interview du nouveau prieur, frère Alois, récusant les affirmations de conversion de l'historien Yves Chiron.

2. En février 1979, il s'était vu refuser la communion à l'assemblée des évêques d'Amérique latine à Puebla par son secrétaire général Mgr Lopez-Trujillo. Camouflet public que la presse avait relevé à l'époque. Cependant frère Roger avait pu communier plus tard, après avoir expliqué sa situation. Ainsi que tous les jours, seul, dans une chapelle discrète.

disparu, sur un sujet qui aurait pu au contraire relancer leur amertume. Comme nous l'a confié Jean-Arnold de Clermont au moment de quitter la tête de la Fédération protestante de France : « Il faut arrêter de ressasser le passé. Il était temps d'enterrer la hache de guerre et de soutenir le beau travail de la communauté dans l'évangélisation des jeunes. » Dans les relations entre Taizé et le protestantisme français, le président de la Fédération protestante de 1999 à 2007 observe en définitive trois périodes : « De 1944 à 1975, nous considérions Taizé comme une communauté protestante, à vocation œcuménique. De 1975 à 1990, cela a été la rupture. Depuis 1990, les relations se sont normalisées. »

Vers Genève 2007

Les rencontres avec les responsables réformés sont régulières à Taizé et très cordiales avec frère Alois. Cette confiance retissée patiemment est aujourd'hui facilitée par l'arrivée d'un catholique à la tête de la communauté. Le soupçon de trahison, longtemps récurrent chez certains réformés à l'encontre de « l'ancien pasteur », n'a de ce fait plus aucune raison d'être. Et le choix de Genève, comme lieu de la rencontre européenne de décembre 2007, est devenu un beau symbole de retour aux sources. L'adhésion des réformés de la ville de Calvin n'a pourtant pas été acquise d'emblée. Le conseil du Consistoire de Genève a vécu, en octobre 2006, une séance passionnée avec des avis tranchés. Ce sont finalement ceux qui soulignaient la formidable opportunité d'accueillir des dizaines de milliers de jeunes chrétiens de toute l'Europe qui ont convaincu la forte minorité qui « ressassait encore le passé ».

Et ils n'ont pas été déçus. Quarante mille jeunes – dont dix mille Suisses, neuf mille Polonais, et autant des autres pays de l'Est, deux mille huit cents Français... – ont réveillé, du 28 décembre 2007 au 1er janvier 2008, la ville de Calvin, assoupie. Plus de 90 % d'entre eux ont été hébergés dans des familles de la région. Près de deux cents paroisses réformées, évangéliques, orthodoxes et catholiques se sont unies pour les accueillir. « C'est étonnant, ce qui s'est passé à Genève, confie frère Émile. Ces témoignages d'unité, cette expérience d'hospitalité ont touché toutes les composantes de la société, bien au-delà des chrétiens. » Dans le vaste Palexpo de la ville, le successeur du fondateur suisse de la communauté, frère Alois, a lancé l'appel à la réconciliation de tous les chrétiens : « Comment être crédibles en parlant d'un Dieu d'Amour, si nous demeurons séparés ?... À vous les jeunes, il appartient de prendre l'initiative. »

Au village, un vent d'incompréhension

La fin des années quatre-vingt-dix marque aussi la levée des incompréhensions et des tensions avec une minorité d'habitants de Taizé et d'Ameugny, qui se sont sentis dépossédés de leur pays. Avec le déferlement des foules de visiteurs depuis la fin des années soixante, les nuisances qu'elles créent et les acquisitions foncières qu'elles supposent, les habitants de cette vallée de la Grosne ne se sentaient plus vraiment chez eux. Ce que reconnaît frère Hervé, conseiller municipal de Taizé : « Après des débuts plutôt confiants dus à l'insertion de la communauté dans le tissu agricole de la région[1], la venue de plus en plus nombreuse des jeunes n'était pas toujours comprise, même si beaucoup s'en réjouissaient. Il fallait des terrains et des maisons pour permettre l'accueil ; certains jeunes dérangeaient la vie paisible des villages ne serait-ce que par leur nombre. » Et par leurs chants en plein air qui résonnaient à point d'heure, leurs incursions innocentes dans les champs d'agriculteurs qui voyaient aussi « leurs » routes barrées par des bénévoles canalisant l'importante circulation. De plus, les gens du pays ne récoltaient guère la manne supposée d'un lieu de pèlerinage de cette importance ! Il faut dire que pour éviter un nouveau Lourdes avec ses nombreux « marchands du Temple », et pour offrir aux jeunes des produits à prix coûtant, frère Roger s'était montré intransigeant sur les demandes commerciales. Car les convoitises n'ont évidemment pas manqué. Le fondateur de Taizé dit même avoir fait capoter en 1972 un projet de complexe hôtelier, en menaçant de quitter la

1. Les frères ont été actifs dans la coopérative d'agriculteurs de la région et ont cédé gracieusement quatorze hectares de terre, en 1962. Cf. le chapitre VI, p. 83.

région. « Ce qui a faussé la relation, c'est l'exode rural que nous subissions à partir des années soixante, pense Jean Dorin, le maire de Taizé. Autant c'était une bonne chose d'avoir évité l'implantation d'activités comme à Lourdes, autant les gens de la région n'ont pas compris pourquoi ils ne pouvaient pas installer des commerces de proximité. De plus, la venue des jeunes liée aux événements de 1968 a longtemps créé une image inquiétante qui a fini par s'estomper au fil des années. » Dans ce village de cent soixante habitants, le recensement dénombre soixante-quinze frères résidant à demeure et plus d'une quarantaine de permanents et familles gravitant autour de la communauté. Par ailleurs, à Ameugny, des maisons désirées par des habitants de la région étaient occupées par des proches de la communauté. Il n'en fallait guère plus pour qu'un petit vent d'anticléricalisme se mette à souffler dans cette région dominée durant des siècles par la puissance féodale de l'abbaye de Cluny. Il s'est même cristallisé un moment autour d'une association entreprenante : « L'écho des collines ».

La rencontre au quotidien

Pourtant, la présence des familles avec leurs enfants a toujours contribué à faciliter les relations. Plusieurs générations de laïcs de nationalités diverses se sont succédé à Ameugny et Taizé. Aujourd'hui, appelé par la communauté pour s'occuper de l'économat et participer à l'accueil des jeunes, un couple hongrois vit avec ses trois filles au cœur du village. « Nos enfants ont beaucoup aidé à notre intégration », reconnaît Orsi Hardy. Déléguée des parents d'élèves à l'école publique, la jeune femme rend avec son mari, Ferenc, de nombreux services à la collectivité et entretient des relations étroites avec les habitants de la commune. « Pour le baptême de notre dernière fille en 2000, dans l'église du village, nous avions invité les villageois et fait la fête dans une salle de la communauté. » Les frères, qui étaient moins engagés dans la vie sociale depuis l'arrivée massive des jeunes sur la colline, ont repris – à commencer par son nouveau prieur – des relations suivies avec les habitants, en s'impliquant davantage dans la vie municipale. « J'ai insisté auprès de frère Roger, il y a treize ans, pour qu'un membre de la communauté – Paul en l'occurrence – s'engage plus dans les décisions concernant le village, en devenant mon premier adjoint », confie Jean Dorin. Deux des trois frères conseillers municipaux[1] font aussi apprécier leurs compétences dans les groupements intercommunaux.

Mais ce qui a été assurément déterminant dans l'apaisement des relations avec l'ensemble des habitants, c'est l'embauche, à partir de 1995, d'une douzaine de salariés des environs, pour la cuisine, la lingerie, le secrétariat des rencontres… La construction et l'entretien des bâtiments d'accueil procurent aussi beaucoup

1. Il s'agit des frères Paul, Hervé et Émile.

d'emplois aux artisans de la région. Ces liens resserrés se sont particulièrement manifestés au moment de la mort de frère Roger en août 2005. « Les relations avec les habitants sont aujourd'hui excellentes, affirme frère Hervé. En les négligeant un peu, nous étions peut-être devenus une énigme pour certains. » N'est-ce pas par la rencontre au quotidien, par des gestes concrets d'intérêt, que l'on restaure les ponts qui peuvent commencer à se fissurer ?

CHAPITRE XIII

Le secret d'une éternelle jeunesse

Les générations passent et Taizé ne prend pas une ride. Comment peut-on réunir, depuis plus d'un demi-siècle, autant de jeunes épris de rencontres et de prière ? L'aventure n'a pas vieilli avec ses fondateurs et la colline commence à voir arriver les arrière-petits-enfants de ceux qui l'ont arpentée, avec le même enthousiasme, à la fin des années quarante. Quel est donc le secret de cette éternelle jeunesse[1] ? Il ne manque pas d'observateurs incrédules, de responsables pastoraux fascinés, un brin envieux, pour poser la question aux frères. À commencer par le pape Paul VI, qui demandait dès 1972 : « Si vous avez la clé pour comprendre les jeunes, frère Roger, donnez-la-moi. » Déjà, en 1958, Hubert Beuve-Méry, écrivait dans son journal[2] : « Peut-être ce secret se trouve-t-il déjà entre les mains nues d'hommes apparemment

1. Pour reprendre l'expression d'Étienne Séguier, dans *La Vie* du 19 décembre 2002.
2. *Le Monde*, 2 mai 1958.

démunis qui cherchent en tâtonnant à reconstruire une échelle de valeurs et à retrouver un style de vie. » Pourtant, l'interrogation reste d'une lancinante actualité. Elle nourrit même mémoires et séminaires.

Une écoute qui rend visionnaire

En 1996, les évêques de France ont invité frère Émile à leur assemblée plénière consacrée à la pastorale de la jeunesse… « Nous n'avons pas de secret, leur a-t-il dit. Nous ne sommes en rien spécialistes du monde des jeunes. Mais ceux qui viennent nous disent simplement : Ici je me sens chez moi… »

Assurément, ils viennent parce qu'ils se sentent en confiance, parce qu'ils sont accueillis, écoutés. « Ils viennent chercher une source, un sens à leur existence, expliquait souvent frère Roger. Ils viennent avec leurs questions, pour parfois se décharger d'un poids. » Être avec, sans juger, écouter jusqu'à l'épuisement, tel était la vocation du prieur de Taizé : « Je l'ai découverte, peut-être parce que moi-même, dans ma jeunesse, j'aurais eu besoin d'être écouté, confiait-il, mais j'ai ressenti plutôt l'absence d'écoute[1]. »

« À une époque où l'accompagnement spirituel n'était pas du tout à la mode, il a eu l'intuition de son importance », nous confie le psychanalyste Jacques Arènes.

1. Frère Roger, *Choisir d'aimer*, *op. cit.*, p. 60.

« Je suis frappé par sa pédagogie de l'intériorité, cette humilité dans le propos et cette simplicité qui touche les jeunes ; il avait un côté moderne, ancré dans la tradition la plus ancienne. »

Sans doute, son don d'écoute le rendait-il visionnaire, car il lui a permis un réajustement permanent à la culture, à la psychologie des jeunes. Selon la belle expression de la philosophe Marguerite Léna, « il a su se faire contemporain de l'histoire singulière de chacun ». À l'évidence, frère Roger était en phase avec les différentes générations qui se sont succédé. En 1966, pressentant intuitivement l'explosion de 68, il déclarait : « L'impatience des jeunes pourrait se muer en éclatement. » Comme le relève justement Kathryn Spink[1] : « Dans ses livres, on sent cette profonde conscience des préoccupations des jeunes à qui Taizé prête une oreille attentive. » Si, en effet, *Lutte et Contemplation* prend en compte, en 1973, la révolte d'une génération, *Étonnement d'un amour* (1976) fait en revanche le constat de l'émergence sur le devant de la scène des questions existentielles, tandis que *Fleurissent tes déserts* (1982) pointe le découragement, les doutes, l'avenir bouché de ce que l'on a appelé la « bof génération »…

« En fait, nous confiait le prieur en 1988, les jeunes d'aujourd'hui ne sont pas très différents de leurs aînés. Le milieu dans lequel ils vivent se modifie, mais le cœur de l'homme reste le même. Ce sont les abandons humains,

1. *La Vie de frère Roger, fondateur de Taizé*, *op. cit.*, p. 87.

les ruptures des liens qui les marquent le plus. Leur plus grande souffrance : les mésententes de ceux qui leur ont donné la vie[1]. » Et d'ajouter : « Comment se fait-il qu'ils nous accordent cette confiance à nous hommes d'âge mûr ? »

Une confiance jamais contredite

Cette confiance jamais contredite frappe les hôtes de passage. Ancien professeur de philosophie au lycée Sainte-Marie de Neuilly et au séminaire diocésain de Paris, Marguerite Léna souligne la dimension éducative de ce lieu de liberté et de responsabilité. « Il y a une règle de vie qui est peu institutionnalisée, mais qui fait appel à la responsabilité de chacun, nous explique-t-elle. À l'instar des éducateurs qui se trouvent sur des lignes de fracture de notre société, avec ses crises, ses incertitudes sur l'avenir, Taizé assure un travail important d'éducation. » Une action en profondeur qui redonne d'abord aux jeunes confiance en eux. Et ce n'est pas la moindre des qualités.

La confiance est sans conteste l'un des mots clés de la communauté, à côté de simplicité, communion, paix, joie, pardon… Les méditations sont restées relativement classiques dans leur contenu, mais pas dans le ton. « Nous

1. Rencontre de *La Vie*, avec Jean-Claude Escaffit, cassette de l'atelier document sonore, 1988.

trouvons chez Roger Schutz un style qui nous dépasse, une parole qui nous vient tellement d'ailleurs qu'elle nous est proche, note le pasteur Michel Leplay. La prose méditative ne vise pas à convaincre, mais à témoigner d'un cheminement de soi à soi, de soi aux autres, de Dieu à tous et de tous à Dieu. » Paradoxalement, lui qui énonçait des vérités fortes, enracinées dans la tradition, donnait l'impression de ne pas clore sa pensée avec des formules définitives. Frère Roger s'exprimait souvent avec des phrases incomplètes, modifiées, des hésitations et des silences…

Le ciment de la prière

Le succès persistant de Taizé résulte en somme moins d'un projet éducatif élaboré que de la souplesse d'une proposition, de la liberté d'un lieu qui a su conserver le même ancrage spirituel. Au commencement est la prière. Elle restera le ciment de l'aventure, le lien qui unit chaque génération à la suivante, la raison presque toujours évoquée en tête de l'attraction pour cette colline inspirée. Tour à tour silencieuse, voire balbutiante, entêtante, apaisante, elle éclate aussi en louange, scandée par des *alleluia* sans fin. Le recueillement et la fête ! Pilier majeur de l'oraison, le chant est plébiscité. Il fait aujourd'hui partie du patrimoine commun de nombreuses paroisses d'Europe et aussi d'autres continents. « Il nous donne le sentiment de faire partie de quelque chose de plus grand que soi », explique un jeune. Et un autre de renchérir : « Quand je suis venu pour la première fois à Taizé, j'ai été très impressionné par cet océan sonore de plusieurs voix en harmonie. »

« Dans un monde où l'intériorité n'est pas évidente, Taizé a mis en place les conditions qui permettent à des jeunes d'entrer en eux-mêmes », souligne Jacques Arènes. Sans doute, l'ambiance feutrée de l'église, avec ses lumières tamisées et ses lumignons qui trouent la pénombre, rappelle-t-elle le monde de l'enfance, voire la sécurité de l'état fœtal. Il est intéressant de constater que les petits enfants – et pas seulement ceux qui viennent se placer autour du prieur – ne manifestent pas d'impatience durant les longues célébrations, mais s'y sentent bien. Cette dimension d'unité fusionnelle a quelque chose de sensuel au sens noble. « Rencontrer Dieu avec nos sens », disait Olivier Clément, qui ajoutait par ailleurs : « Taizé apprend aux jeunes à faire le lien entre la vie intérieure, la vie liturgique et les solidarités humaines[1]. » Combien ont fait ici cette première expérience de l'intériorité, décrite par Olivier Clément, athée jusqu'à l'âge de trente ans[2] ? « Je me souviens que lorsque j'ai prié pour la première fois, c'était comme un déchirement, comme si toute opacité se déchirait et que jaillissait une source… »

1. « Patience et miracle de Taizé », *La Croix*, 30 septembre 2002.

2. Olivier Clément, *Taizé. Un sens à la vie*, Bayard Éditions/Centurion, 1997, p. 64.

Le chant comme liberté

« La communauté de Taizé est marquée par la musique depuis le premier jour », aimait à rappeler frère Roger. Après les psaumes huguenots, puis ceux de Joseph Gelineau, le chant s'est vite élargi aux dimensions de l'Europe et du monde. Il a fallu surmonter l'obstacle des cultures et des langues. C'est alors que frère Robert, le plus ancien musicien de la communauté, est allé, au milieu des années soixante-dix, trouver Jacques Berthier qui a donné aux mélodies leur dimension actuelle avec des canons et *ostinato* simples qui facilitent la mémorisation. « Frère Robert a été prophétique, témoigne Michel Wackenheim, compositeur depuis quarante ans et rédacteur en chef des revues liturgiques *Signes d'aujourd'hui* et *Signes musiques*. Taizé s'est appuyé sur des valeurs sûres, néoclassiques, qui résistent à l'usure du temps et qui parlent à toutes les générations. Ils n'ont pas eu peur du latin à une période où le latin était banni. » S'adossant aux héritages de l'Orient et de l'Occident, les mélodies répétitives, les phrases de la Bible et des Pères de l'Église entrent par imprégnation. Les contre-chants sont psalmodiés – dans différentes langues – par un soliste. Tandis que les silences donnent à la musique leur indispensable respiration.

Joseph Gelineau juge avec admiration l'évolution musicale dont il est témoin depuis plus de cinquante ans :

« Dans l'histoire de la musique occidentale qui a marqué notre liturgie durant des siècles, le chant est généralement bien cadré et l'on maîtrise sa durée. À Taizé, au contraire, c'est une musique qui crée un espace de liberté, car elle s'arrête quand on veut. Le chant n'occupe pas la tête avec des concepts, mais permet de libérer l'esprit. »

Après la mort de Jacques Berthier en 1994, trois membres de la communauté – François, Alois et Jean-Marie – ont pris le relais de la composition dans le même esprit. « En réconciliant l'universel (le latin du *Magnificat* ou le grec du *Kyrie*) avec le particulier (les langues nationales), le chant participe à la réconciliation des cultures », pense frère Jean-Marie, l'un des compositeurs et solistes. « Nous souhaiterions que chacun retrouve la simplicité de la prière, grâce à des paroles, des mélodies faciles à reprendre. » Cette simplicité, qui n'est pas simplisme, déconcerte plus d'un liturge. « Quelques phrases expurgées de la Bible, deux ou trois intentions de prière, des chants beaux, mais réduits à un verset ou deux en boucle, et un temps de silence impressionnant : le contenu est appauvri mais les liturgies sont pourtant très construites », reconnaît le pasteur Jean-Arnold de Clermont. Sans toucher à l'essentiel, les trois offices quotidiens sont en effet allégés de ce qui pouvait être, aux yeux des jeunes, des formules et des homélies rébarbatives. Le dépouillement a ici une fonction esthétique et pédagogique. Selon le philosophe Paul Ricœur, qui a été un ami fidèle de la communauté, « le langage donné ici à Taizé n'est pas celui de la philosophie, ni même de la théologie, mais celui de la liturgie », écrivait-il en 2002[1]. La dimension biblique, qui semble réduite à sa plus simple expression dans les célébrations, est en fait proposée à tous, sous forme d'enseignement des frères, chaque matin de la semaine.

Une variété de registres

Pour le sociologue Fabien Gaulué, « la pérennité remarquable de Taizé est redevable à l'exceptionnelle variété des registres – spirituels, émotionnels, relationnels, éthiques, esthétiques, interculturels, festifs – dont dispose la matrice taizéenne pour emporter l'adhésion[2] ». Cette formule ouverte à tous a renouvelé aussi le genre « pèlerinage » qui offre l'avantage d'une participation souple et modulée à une génération dont l'identité religieuse reste incertaine. « Taizé a contribué à l'acclimatation en contexte catholique d'une forme de mobilisation que la tradition protestante évangélique a éprouvée depuis longtemps », écrit Danièle Hervieu-Léger, dans *Le Pèlerin et le Converti.* « La tradition du rassemblement émotionnel [...] où les témoignages des participants [...] sont mis au service de l'identification croyante. » La célèbre sociologue française des religions a bâti un nouveau modèle de pratique contemporaine, à partir du « laboratoire Taizé ».

1. *Taizé au vif de l'espérance*, *op. cit.*, p. 206.
2. *Croyances religieuses, morales et éthiques dans le processus de construction européenne*, *op. cit.*, p. 13.

C'est la « religiosité pèlerine », qu'elle démarque de la pratique territoriale, liée au modèle paroissial[1].

Analyse tempérée cependant par Guy Lescanne, prêtre et sociologue, spécialiste des jeunes. « Je n'opposerai pas le pseudo-mouvement de la communauté de Taizé à la "stabilité" de l'institution, précise-t-il. C'est plutôt une alchimie qui passe d'un modèle à l'autre. Taizé permet à des pratiquants de devenir pèlerins, mais aussi à des "pèlerins" de devenir pratiquants. Combien de jeunes ont redécouvert la pratique religieuse grâce à l'ancrage sécurisant de la communauté. » Un excellent moyen d'expérimenter la vie intérieure et de s'ouvrir à une dimension communautaire. Le passage par Taizé est souvent vécu comme un événement fondateur dans la vie d'un jeune, quel que soit le chemin qu'il prendra ensuite. Et Guy Lescanne, qui a été directeur de séminaire, de poursuivre : « Je ne prétends pas que Taizé nous apporte beaucoup de vocations. Mais je constate en tout cas qu'une majorité de nos séminaristes sont passés par là. Et que cela a compté dans leur vie. »

Une communauté qui se renouvelle

La communauté de Taizé frappe souvent l'observateur par la jeunesse de ses membres. Il faut dire qu'elle sus-

1. Danièle Hervieu-Léger, *Le Pèlerin et le Converti*, Flammarion, 2001, p. 112.

cite sans cesse de nouvelles vocations. Un tiers de la centaine de frères ont moins de quarante ans[1]. Depuis la mort de frère Roger, huit jeunes d'une vingtaine d'années ont grossi leur rang, en un peu plus de deux ans. Ils viennent de quatre continents différents avec des profils qui ne le sont pas moins : un plombier du Sénégal, un Français qui a une maîtrise d'histoire, un Indonésien diplômé de théologie protestante, un travailleur social chilien, un bachelier allemand sorti du service civil… Ils ont pourtant tous en commun d'avoir été permanents à l'accueil des jeunes. Ainsi, avec l'accompagnement d'un frère plus âgé, ont-ils pu réfléchir à leur vocation pendant environ une année. Puis ils reçoivent « le vêtement de prière » et commencent une « préparation » d'au moins trois ans qui conduit à l'engagement à vie. Ici, on ne parle pas de novices, mais de jeunes frères. Tout en mûrissant leur choix et en participant aux travaux de la communauté, les nouveaux frères suivent chaque jour une formation théologique. « Il arrive qu'au cours de ces trois ans de discernement nous en orientions ailleurs », confie frère Jean-Marie qui participe, avec d'autres, à cet accompagnement spirituel.

« Moine… dans la vie » ! Pas évidente cette existence contemplative en tension constante avec le monde. Des temps de ressourcement et de retraite personnelle sont prévus « pour revenir constamment à une vie intérieure »,

1. Plus d'un tiers ont entre quarante et soixante ans et près d'un tiers plus de soixante ans.

insiste frère Alois, le nouveau prieur. À cet apprentissage de la vie communautaire en plein vent s'ajoute le brassage des cultures. Pas moins d'une trentaine de nationalités[1] doivent coexister. « C'est une grande richesse, mais aussi une énorme exigence, poursuit Jean-Marie, frère d'origine nord-américaine. Cela demande beaucoup d'attention pour ne pas froisser l'autre, dont la susceptibilité et les réactions peuvent être différentes selon la culture d'origine. »

Un consensus communautaire tacite

L'écoute mutuelle semble être aussi le maître mot de la vie collective. Ici point de chapitres, mais un conseil annuel en janvier qui est aussi un temps de retraite pour la communauté. Les échanges sont libres, mais les décisions sont prises par le prieur. Elles sont mûries par des rencontres interpersonnelles et un consensus communautaire tacite. Certes, les intuitions du charismatique fondateur ont précédé souvent les idées des frères. « Les audaces de frère Roger pouvaient parfois nous bousculer. Et même si nous n'en mesurions pas toute la portée sur le moment, nous savions qu'elles allaient dans le

1. Congo, Sénégal, Togo, Argentine, Bolivie, Brésil, Canada, Chili, États-Unis, Porto Rico, Chine, Corée, Inde, Indonésie, Allemagne, Angleterre, Belgique, Espagne, France, Hongrie, Irlande, Italie, Pays-Bas, Pologne, Portugal, Suède, Suisse, Tchéquie. Une moitié de protestants et anglicans, une moitié de catholiques.

sens de la simplicité évangélique », confie un frère. Ainsi, se réveillant un matin de décembre 1977, dans la baraque sur pilotis d'Aberdeen en mer de Chine où une dizaine de frères et de garçons de l'équipe intercontinentale partageaient le même dortoir précaire, frère Roger s'est exclamé : « C'est dans cette simplicité-là que nous devrions vivre à Taizé : en dormant en dortoir. » Idée entérinée par le conseil suivant. Et les frères de vivre ainsi durant sept ans ! Jusqu'à ce que le prieur revienne sur ce mode de vie pas toujours compatible avec la nécessaire et épuisante disponibilité aux jeunes...

De même, le responsable de la communauté n'est pas élu par ses pairs, comme dans la plupart des ordres religieux. C'est le prieur en exercice qui assure sa succession, est-il dit dans *Les Sources de Taizé*, la règle de la communauté. Frère Roger a choisi discrètement son successeur... en 1978. Entré quatre ans plus tôt dans la communauté, frère Alois avait à peine vingt-quatre ans. Un choix intuitif que le fondateur a vérifié durant vingt ans. Et c'est au conseil de 1998 qu'il a adoubé le jeune catholique allemand. Sept ans avant son départ tragique.

Ce mode de fonctionnement interroge cependant plus d'un esprit juridique formé à l'organisation, mais ne semble pas faire problème à Taizé. Les membres de la communauté disent partager fraternellement les décisions. Et frère Alois, qui exerce collégialement sa nouvelle responsabilité, assure : « La communauté assume totalement la difficulté qu'implique cette manière de vivre. Décider ne veut pas dire imposer. Cela nous force à une attention fraternelle plus grande. Et correspond à la volonté renouvelée de ne pas sécuriser notre vie en créant des structures. » Décidément, la communauté de Taizé n'a pas fini d'étonner…

Chapitre XIV

Un pont avec le monde de l'incroyance

Les générations passent, mais ce lieu où, selon l'expression de l'orthodoxe Olivier Clément, « la question de l'homme reste ouverte[1] » continue à attirer, à fasciner. Pas seulement les chrétiens. Là peut-être réside aussi le secret de Taizé, son succès. « Je suis frappé par le nombre de personnes qui, dans les lieux les plus surprenants de la culture, de la communication, du "show business" m'ont dit avoir été marquées par leur séjour ici », confie frère Émile. La plupart s'en souviennent comme d'un événement heureux, une impression de s'être sentis chez eux. Ils témoignent de cette harmonie avec d'autres pourtant si différents, y compris dans leurs convictions spirituelles. Car Taizé a bâti des ponts avec des mondes éloignés des sphères

1. Frère Émile rapporte la conversation d'Olivier Clément avec le cinéaste russe Tarkowski qui lui a dit : « Le problème de notre époque, c'est de garder ouverte la question de l'homme. » Cité dans *Taizé au vif de l'espérance*, *op. cit.*, p. 31.

croyantes. La communauté a captivé, par exemple, des agnostiques célèbres comme le fondateur du journal *Le Monde*, Hubert Beuve-Méry, et le président François Mitterrand…

Célébrités reconnues, anonymes inattendus

Il est impossible d'identifier tous ceux qui y sont passés dans leur jeunesse. Au hasard des conversations, on découvre que c'est le cas pour les comédiennes Juliette Binoche, Audrey Tautou, le réalisateur allemand Wim Wenders… Et tant d'autres célébrités reconnues ou anonymes inattendus.

Ainsi, Juliette Binoche a-t-elle livré des bribes de confidence sur son adolescence, notamment après la sortie du film *Mary*, dans lequel elle incarne Marie-Madeleine : « Je suis retournée à Taizé avec ma classe à quinze ans, confie-t-elle à la BBC, le 22 janvier 2006. J'avais besoin de vérifier pourquoi je m'y étais sentie si bien la première fois à neuf ans, même si c'était un souvenir lointain. Je me souviens d'une grande chaleur humaine quand on chantait ensemble. » Et de fredonner à l'antenne « *Bleibet hier* » – Demeurez ici. « Je me souviens aussi de la gentillesse de frère Roger, de sa façon d'être et de nouer des relations personnelles avec chacun. Je me rappelle surtout de ce sentiment d'amour qui emplissait le cœur, de cet amour infini. »

S'agit-il de cette paix du cœur évoquée souvent à propos de ce lieu de réconciliation ? Un sentiment qui semble s'apparenter au « tropisme de la bonté », que Paul Ricœur aimait placer dans l'horizon du bonheur : « Si les religions ont un sens, c'est de libérer le fond de bonté des hommes, d'aller le chercher là où il est complètement enfoui[1]. » Cette bonté est, selon le philosophe protestant, la réponse au mal et à l'absurdité. « Nous sommes issus de la civilisation qui effectivement a tué Dieu, c'est-à-dire qui a fait prévaloir l'absurde et le non-sens sur le sens, et cela provoque une protestation profonde. » Et Ricœur de voir dans Taizé un chemin qui va de la protestation à l'attestation, en empruntant le langage de la liturgie.

C'est sans doute le chemin parcouru par Orsi, jeune Hongroise, venue à une rencontre à Wroclaw, en Pologne, en 1989, puis à Taizé en 1991 :

« Au début, c'était surtout une occasion de voyager, dit-elle. Je ne suis pas de famille croyante, mes parents étaient membres du parti communiste, par obligation. Chaque fois, j'ai rencontré des chrétiens qui m'ont marquée. Je voulais être comme eux. À seize ans, c'est encore de l'ordre du sentiment. Mais c'est à travers ces témoins de l'Évangile que je suis devenue croyante. » Aujourd'hui, cette jeune mère de trente-trois ans, éducatrice de formation, vit à Taizé avec son mari, universitaire, et leurs trois enfants.

1. Texte paru dans la *Lettre de Taizé* d'avril-mai 2001, repris dans *Taizé au vif de l'espérance*, *op. cit.*, p. 205.

Les Pentecôtes de Mitterrand

Quant à François Mitterrand, il venait depuis des années à Taizé. Bien avant d'être élu président de la République. Discrètement, dans le fond de l'église de la Réconciliation, il assistait à la prière de la communauté. Les frères le savaient car il était reconnu par certains jeunes Français qui le leur disaient. Mais ils respectaient la discrétion de ce fidèle si particulier. Le chef du parti socialiste venait de Cluny. Son épouse avait hérité d'une petite maison où elle avait passé son adolescence quand sa famille était dans la région.

Une fois élu en mai 1981, le nouveau président de la République a voulu poursuivre cette tradition bien ancrée. Programme quasi immuable de Pentecôte : ascension de la Roche de Solutré le dimanche et promenade dans la région le lendemain. Le lundi de Pentecôte 1981, François Mitterrand apparaît dans l'église de Taizé à l'heure du déjeuner, avec une très petite escorte. Tout le monde est en train de manger. Seuls deux jeunes permanents passent l'aspirateur dans l'église déserte. Tellement stupéfaits de voir apparaître le nouveau chef de l'État, les jeunes poursuivent leur travail comme si de rien n'était. Après être resté un moment dans l'église à méditer, le visiteur repart comme il était entré. Discrètement. Frère Roger, qui sur le moment n'a pas été prévenu de son passage, croit bon cette fois de lui écrire brièvement. Et de lui dire que, s'il avait su, évidemment il l'aurait accueilli.

La lettre reste sans réponse. Mais l'année suivante, dans l'après-midi du lundi, quelqu'un téléphone de Cluny : « Le président doit se rendre à Taizé et il serait heureux d'être accueilli par frère Roger, s'il est disponible. » Quand il franchit la porte de la maison des frères, l'hôte confie : « Voici près de quarante ans que je tourne autour de cette maison et aujourd'hui j'y entre. »

Depuis lors, chaque lundi après-midi de Pentecôte, François Mitterrand se rend à Taizé. Selon le temps dont il dispose, il reste seulement dans la chambre de frère Roger ou demande à la fin de l'entretien de monter à l'église. Les frères l'accompagnent alors. Et ils chantent souvent à sa demande des chants de l'office. Une fois, lors d'une prière commune, l'église est comble. Le prieur lui demande alors s'il n'est pas gêné d'être vu dans l'église par toute une foule. Le président répond par la négative et ajoute qu'il souhaite assister à la prière.

C'est presque le même scénario chaque fois. Mitterrand vient à la communauté avec quelques proches. Souvent Jack Lang, parfois sa sœur Geneviève, une fois ou l'autre l'un de ses fils ou encore Louis Mermaz marqué par la mort brutale de l'un de ses enfants dans un accident, Anne Lauvergeon… Les quelques frères qui accompagnent le prieur discutent dans la chambre avec eux autour d'une tasse de thé. Au bout d'un moment, l'un des accompagnateurs déclare : « Maintenant nous allons vous laisser. » Le président reste alors en tête à tête avec frère Roger qui n'a jamais rien dit du contenu de leurs entretiens.

C'était devenu une telle tradition que, n'étant pas passé à la Pentecôte 1995, François Mitterrand a jugé nécessaire d'écrire à frère Roger une lettre datée du 8 juin : « J'ai été navré de ne pouvoir vous saluer comme je le faisais chaque année aux fêtes de la Pentecôte, mais la fatigue m'en a empêché. Je trouverai bien l'occasion d'aller vous voir et de vous renouveler mes sentiments fidèles. » Sa mort, en janvier 1996, met un point final à ce rite si particulier. On rapporte que, dans ses derniers jours, il aurait souhaité que la personne qui l'assistait chantât pour lui des chants de Taizé.

Que cherchait Mitterrand à Taizé ? Une émotion esthétique ? Quelque chose de son enfance refoulée ? La paix du cœur ? Sans doute un peu de tout cela. Peut-être plus encore qui lui appartient secrètement. « Quand on me parle de se mettre en présence de Dieu, je pense toujours à Taizé », a-t-il confié à Marie de Hennezel, qui a été très proche de lui à la fin de sa vie. Et à propos de frère Roger, il a ajouté : « Je l'aime, il me fait du bien[1]. »

Dans une lettre adressée à frère Alois, au lendemain de la mort du fondateur de la communauté, en août 2005, Danielle Mitterrand écrit : « Ce jour est un jour de deuil pour moi qui partageais avec François l'amitié qui l'avait lié au frère Roger. [...] Pour l'accompagner à sa dernière demeure, ma pensée ne lui fera pas défaut, et si je ne connais pas les mots de la prière de ses fidèles,

1. Marie de Hennezel, *Le Monde*, 20 août 2005.

sachez que ma tristesse témoignera de mon affection et de mon admiration pour l'œuvre qu'il a accomplie… »

À Taizé, on prend les gens comme ils sont. Pas besoin de présenter un passeport. « On se sait accepté que l'on ait la foi ou non », confiait Juliette Binoche à la BBC. C'est vrai aussi pour toutes les générations. Dans un monde rempli de signes, mais où le silence et le sacré ne font plus partie de notre culture, Taizé a réintroduit une véritable pédagogie de l'intériorité accessible à tous.

CHAPITRE XV

Taizé, figure d'unité

« S'il me fallait situer les frères de Taizé dans la grande famille de ceux qui vivent en communauté depuis les premiers siècles de l'Église, je dirais qu'ils se situent à la fois dans une grande continuité et dans une grande nouveauté », écrit Olivier Clément dans son livre *Taizé. Un sens à la vie*[1].

La continuité

Il est difficile d'exprimer le désir ardent de frère Roger de voir se réaliser l'unité du corps du Christ. Il était entièrement habité de ce désir, il a prié sans cesse pour l'unité. Jusqu'à sa mort, il n'a épargné aucun effort pour qu'elle advienne[2]. Tout en restant fidèle à l'héritage

1. *Op. cit.*, p. 35.
2. Après la mort de frère Roger, le journaliste Paulinus Barnes écrit dans le quotidien anglais *The Independant* du 18 août 2005 : « Il ne serait pas exagéré de dire que frère Roger a été le plus grand

reçu de sa propre tradition, il a fait sienne la richesse de toutes les autres. Aussi ce désir le ramène-t-il aux premiers temps de l'Église, où des disputes existèrent, certes, mais où de très grands croyants se sont levés pour demander que règne l'harmonie entre les chrétiens.

Dès sa première lettre aux Corinthiens, Paul dit à ses lecteurs : « Je vous exhorte, frères, au nom de notre Seigneur Jésus-Christ : soyez tous d'accord, et qu'il n'y ait pas de division parmi vous ; soyez bien unis dans un même esprit et dans une même pensée[1]. »

Ce cri est repris dans une autre lettre aux Corinthiens, mais cette fois écrite vers 96-98 par Clément de Rome, troisième successeur de Pierre[2] : « Pourquoi parmi vous, des disputes, des colères, des divisions… N'avons-nous pas un seul Dieu, un seul Christ, un seul esprit de grâce répandu sur nous, et une seule vocation dans le Christ ? Pourquoi écarteler et déchirer les membres du Christ[3]… »

Ainsi, c'est en plongeant dans les « sources de la foi », comme il le dit lui-même, que frère Roger se trouvera intérieurement écartelé par la division entre les chrétiens. Il se persuade assez rapidement que l'unité ne saurait se faire uniquement autour des concepts

avocat de la réconciliation entre Églises chrétiennes depuis les divisions douloureuses de la Réforme. »

1. 1re épître aux Corinthiens 1,10.

2. De 92 à 101 selon la tradition.

3. *Livre des jours, liturgie des heures*, Cerf/Desclée de Brouwer/Mame, 1984, p. 812.

théologiques, de critères intellectuels, si nécessaires soient-ils. Mais elle doit être, selon lui, réellement vécue, parce que la foi trinitaire du baptême, commune à tous les chrétiens, les place déjà sous le registre de l'unité. Avec cette conviction, il bâtit un autre pont avec des Pères de l'Église comme Cyrille d'Alexandrie (370-444) : « Tous, nous sommes un seul être dans le Père, le Fils et le Saint-Esprit. Un seul être, dis-je, dans une identité d'état, un seul être dans un progrès conforme à la piété, par notre communion à la chair sacrée du Christ, par notre communion à l'unique Esprit Saint[1]. »

Olivier Clément a donc parfaitement raison d'écrire que la vocation œcuménique de la communauté de Taizé se vit dans la continuité avec les premiers temps de l'Église.

Et pourtant la grande nouveauté

Paradoxalement, ou au contraire nécessairement, la continuité avec l'Église d'avant les divisions naît d'une rupture audacieuse, que nous avons tenté de décrire au fil des chapitres. C'est un jeune protestant consacré pasteur qui réinvente la vie monastique des temps nouveaux. Certes, ce renouveau repose en partie sur le Réveil protestant du XIXe siècle. Certes il est façonné – voire

1. *Ibid.*, p. 446.

suscité – par les événements de la Seconde Guerre mondiale. Mais le renouveau tire sa substance d'un lent mûrissement, puis d'une mise en œuvre décidée – contre vents et marées – par un homme d'intuition. Persuadé lui-même qu'une vie communautaire est possible dans l'Église réformée, frère Roger a eu assez de force de conviction, et de douce persuasion, pour entraîner avec lui six autres jeunes hommes qui s'engagent à vie à Pâques 1949. Puis d'obtenir de l'Église romaine un accord permettant que de jeunes catholiques puissent les rejoindre pleinement dans la communauté.

Ah ! Si tu avais la foi pas plus grande qu'une minuscule graine de moutarde… Frère Roger a cette foi[1], et, un jour, c'est aujourd'hui, l'arbre est devenu assez grand pour que tous les oiseaux du ciel puissent se nicher dans ses branches. De quoi croire, même si on est agnostique, que la foi déplace les montagnes.

Mais que de combats, que de sommations reçues, que d'échecs assumés avec patience, que de courage et de ténacité aussi, pour que l'œuvre puisse non seulement exister mais rayonner dans le monde entier. Certes, « si l'œuvre vient de Dieu… », comme le dit le rabbi Gamaliel[2], elle avait des chances de réussir, mais sans être gagnée d'avance.

1. « Vis du peu que tu as compris de l'Évangile. Aie confiance », seront parmi les paroles qu'il ne cessera de répéter, comme le fera aussi Jean-Paul II : « N'ayez pas peur. »

2. Actes des Apôtres 5,39.

Le mystère de l'Église-Communion

Nulle part ailleurs qu'à Taizé probablement, n'ont été aussi intensément vécus le mystère de l'Église et celui de l'unité du genre humain – tels qu'ils sont décrits dans cet admirable texte *Lumen Gentium* (Constitution dogmatique sur l'Église) du Concile Vatican II[1]. Pour frère Roger, Église et communion sont synonymes : « Pourquoi nous préoccupe-t-elle tant, cette unique communion qui s'appelle l'Église ? C'est qu'il n'y a pas de continuités du Christ dans l'histoire de l'humanité sans des chrétiens insérés dans un peuple. Aimer le Christ isolément confine dans un intimisme. Aimer le Christ, aimer la communion dans son corps qui est l'Église, élargit à des espaces illimités[2]. »

Le fondateur de la communauté de Taizé a aussi le sens des responsabilités de chacun dans la désunion. Le 17 décembre 1975, par exemple, il écrit à Paul VI :

1. Le premier paragraphe de *Lumen Gentium* dit : « Dans le Christ, l'Église est comme un sacrement ou, si l'on veut, un signe et un moyen d'opérer l'union intime avec Dieu et l'unité de tout le genre humain. » Le paragraphe 13 de ce même texte développe l'idée que cette unité dans la grande diversité des membres de l'unique peuple de Dieu est établie par la *communion* dans l'Esprit Saint. Exprimé plus simplement, tous les hommes, baptisés ou non, sont frères, parce qu'ils constituent un seul et immense peuple de Dieu. Ainsi le paragraphe 13 cite saint Jean Chrysostome (344-407, archevêque de Constantinople et l'un des Pères de l'Église) : « Celui qui habite à Rome sait que les Indiens sont ses membres. »

2. Frère Roger, *Étonnement d'un amour*, Presses de Taizé, 1979, p. 110.

« Comme pasteur universel, voici déjà des années, vous avez demandé pardon si une faute pouvait vous être imputée dans les causes de la séparation entre baptisés. À Taizé, une intention particulière alors nous habite, avec beaucoup d'autres : demander pardon au pasteur universel, l'évêque de Rome, pour les divisions anciennes ou nouvelles entre les chrétiens, comme pour les lenteurs dans la recherche de la réconciliation[1]. »

Mais c'est surtout une vision positive regardant vers l'avenir qui importe. La réconciliation ne pourra jamais advenir au prix d'un renoncement à sa foi d'origine. Elle est au contraire la richesse cumulée de la découverte des dons déposés dans les autres. Ce sont autant de fils à nouer, ou renouer, pour retisser la robe du Christ, toujours en lambeaux.

Quel est en définitive l'apport propre de Taizé ? Il vient d'une part des Églises de la Réforme par l'attention portée à la Parole de Dieu. Elle y est non seulement proclamée, mais scrutée en profondeur et aimée avec ardeur. Les études bibliques proposées en plusieurs langues à une foule nombreuse durant les rencontres sont d'une étonnante densité et accessibilité grâce notamment aux jeunes frères théologiens comme Richard et John.

Quant à l'apport hérité des Églises catholique et orthodoxe, c'est la fidélité à l'Eucharistie, source inépuisable d'unité et de communion. Et cette fidélité trouve aussi

1. *Ibid.*, p. 100.

toute sa place à Taizé. « L'Eucharistie est là pour les affamés du Christ[1]… »

La communion au quotidien

Qui vient sur la colline voit immédiatement une foule bigarrée de milliers des jeunes, de toutes cultures. Nous avons insisté sur la joie qui les habite d'être là tout simplement, chez eux… Nous avons vu comment cette joie se transforme en paix durant les longs moments de silence et de prière, puis dans la louange chantée.

La communion au quotidien ne peut exister ici sans la dimension essentielle de la solidarité avec l'homme victime de l'homme, selon l'expression de frère Roger. Cela nous emmène au cœur d'un autre grand texte du Concile Vatican II : « L'Église dans le monde de ce temps », aussi appelé *Gaudium et spes*. La phrase qui ouvre cette déclaration a dû faire vibrer le fondateur de Taizé : « Les joies et les espoirs, les tristesses et les angoisses des hommes de ce temps, des pauvres surtout et de tous ceux qui souffrent, sont aussi les joies et les espoirs, les tristesses et les angoisses des disciples du Christ, et il n'est rien de vraiment humain qui ne trouve écho dans leur cœur. »

Ce livre a évoqué toutes les solidarités humaines concrètes que la communauté vit depuis ses origines.

1. *Ibid.*, p. 113.

Que ce soit dans l'accueil à Taizé même des personnes en détresse ou dans l'implantation des fraternités lointaines parmi les pauvres, c'est toujours l'humanité blessée qui a été l'une des raisons de vivre de frère Roger. La recherche de l'unité de l'Église ne peut se trouver à l'extérieur de cette présence intime à l'homme souffrant, quelle que soit sa religion. Frère Roger a toujours été particulièrement attentif à la détresse des jeunes en quête de sens, notamment en Occident. Son successeur ainsi que ses frères n'abandonneront pas les sillons tracés.

Pèlerinage de confiance sur la Terre

Actuellement, la solidarité et la communion avec « tout le genre humain » se vivent à travers le Pèlerinage de confiance sur la Terre[1].

Quand on parcourt la *Lettre de Taizé* des années quatre-vingt, on voit que l'expression « pèlerinage » évoque une mise en marche de chacun. Ce n'est pas un événement réservé aux seuls jeunes, tous peuvent y prendre part. Chacun peut faire de sa propre vie un pèlerinage intérieur vers Dieu et aussi une marche à la rencontre des autres : de personne à personne, de famille à famille, de groupe à groupe, d'une paroisse à une autre, d'une ville à une autre. Et les grands rassemblements,

1. Cf. note 2, p. 120 à la fin du chapitre VIII.

rencontres européennes ou rencontres sur d'autres continents, en deviennent des étapes majeures. Le pèlerinage va être désormais la chaîne qui relie les multiples rencontres et le lien qui unifie les divers aspects de la pastorale de Taizé auprès des jeunes.

Depuis 1982, et selon une idée venue des jeunes d'Europe de l'Est enfermés dans leurs frontières, la Croix de Taizé en est devenue le symbole. De multiples copies ont voyagé de pays en pays. La Croix pérégrine et toute une vie de prière et de partage s'anime à son passage.

Dix ans plus tard, en 1992, dans la *Lettre des Philippines*, frère Roger résume le sens de ce « pèlerinage » : « Il n'organise pas les jeunes en mouvement autour de Taizé mais les stimule à devenir créateurs de paix, porteurs de confiance, dans leur ville, leur village, leur paroisse, avec toutes les générations, des enfants aux personnes âgées. Chacun peut faire de sa vie comme un pèlerinage de confiance, en priant, en cherchant à comprendre ceux qui sont éloignés par leurs origines, leurs options… en accomplissant des gestes de réconciliation autour de soi… en communiquant à d'autres le bel espoir humain. » C'est dans ce sens qu'on peut comprendre Taizé comme *figure d'unité pour le monde*.

Taizé, ce lieu d'Église aimé des jeunes

Taizé, lieu aimé par les jeunes du monde entier ? Certes, mais ce n'est pas seulement cela qui peut le caractériser.

Taizé est d'abord *lieu d'Église*[1]. La pastorale des jeunes est certainement sa vocation la plus évidente, la plus visible – et aussi la plus précieuse. Mais frère Roger a fait de Taizé plus qu'une communauté œcuménique. Précisément en jetant un pont vers le passé le plus lointain, il a jeté aussi un pont vers l'avenir, inventant un lieu d'Église où les querelles d'appartenance n'ont plus de raison d'être, ou changent au moins radicalement de sens. Dans les débats ecclésiologiques, Taizé émerge alors comme un lieu où des trésors du passé l'on tire du neuf.

L'Église est comprise ici comme un corps vivant qui prend les dimensions du monde et englobe toute l'humanité, selon les lignes maîtresses de deux grandes Constitutions du Concile Vatican II. Cette vision large est explicitée par le cardinal Glemp en saluant la rencontre européenne des jeunes à Varsovie le 29 décembre 1999 : « Frère Roger ne s'attache pas seulement à un œcuménisme qui consisterait en un rapprochement des confessions chrétiennes divisées. Il va plus profond. Il veut montrer la plénitude de Dieu qui entraîne la plénitude de l'homme. En effet, c'est d'abord l'homme qui est brisé. Aujourd'hui, le problème fondamental ne consiste pas seulement dans les divisions des chrétiens. Il s'agit d'abord d'unifier l'homme, de l'intégrer intérieurement. C'est ce que j'ai découvert quand je suis allé à Taizé. »

1. Le terme « lieu d'Église » a son importance dans le débat œcuménique théologique actuel sur l'Église et les ministères, notamment entre catholiques et réformés.

Un autre appel de la communauté est de vivre la richesse de toutes les traditions, n'en niant aucune. Cette mission nous ramène à une époque où le mot « confession » n'existait pas, mais seulement une recherche de la vérité chrétienne dévoilée dans les Écritures[1]. Olivier Clément le ressent ainsi quand il dit : « Par leur vie commune, ils [les frères de Taizé] font alors émerger l'Église indivise qui n'est pas seulement une mémoire des premiers siècles, mais une réalité qui est là, qu'il faut redécouvrir… à travers la communion des saints qui, eux, ne s'embarrassent pas des différentes confessions chrétiennes[2]. » C'est dans ce sens que l'on peut qualifier Taizé de *lieu d'Église prophétique*.

Élargir avec frère Alois

Frère Alois apporte un témoignage troublant sur l'après-midi précédant la mort du fondateur. « Frère Roger a appelé l'un d'entre nous pour lui dicter une phrase qu'il n'a pas pu terminer à cause de la fatigue. Le frère présent dans sa chambre a surtout retenu le mot "élargir". Qu'entendait-il par "élargir" ? s'interroge frère Alois. Il voulait probablement dire : tout faire pour rendre plus perceptible à chacun l'amour que Dieu a

1. Cette recherche de la vérité va de pair avec des luttes contre les hérésies, mais toujours dans l'objectif de retrouver l'unité et l'intime cohésion de la foi trinitaire.

2. Olivier Clément, *op. cit.*, p. 45.

pour tous les humains sans exception, pour tous les peuples. Il souhaitait que notre petite communauté mette en lumière ce mystère, par sa vie, dans un humble engagement avec d'autres. Alors, nous, les frères, nous voudrions relever ce défi, avec tous ceux qui à travers la terre cherchent la paix. » C'est ainsi que l'héritage de frère Roger a été transmis à ses frères. En toute liberté.

Conclusion

Des ponts toujours en chantier

Tout en assumant la mémoire tourmentée de vingt siècles de christianisme et celle d'une Europe si longtemps écartelée, la communauté de Taizé a cherché à être un trait d'union entre nations, religions, cultures, générations… Édifier des ponts, c'est contribuer à bâtir la paix. Mais c'est aussi prendre le risque de se voir suspecté de passer sur l'autre rive, dans le camp étranger.

Taizé, un pont dans l'Histoire : l'image révèle les richesses, mais aussi les fragilités de ce symbole d'unité. Le pont – toutes les guerres l'ont montré –, c'est l'ouvrage que les armées bombardent en premier. Car il permet l'échange, la mobilité. Tracer des voies de circulation à partir d'un nouveau trait d'union, c'est redessiner le paysage, bouleverser la géographie. Et donc prendre le risque de réveiller les blessures héritées de l'Histoire. Les frères de Taizé en ont pris conscience à travers leur propre histoire, confrontée à celle des différentes traditions.

Quand nous nous étonnons, par exemple, de l'absence d'orthodoxes dans la communauté, malgré les nombreux jeunes Slaves présents aux rencontres sur la colline et les liens privilégiés avec les Églises d'Orient[1], frère Luc répond : « Cela tient à l'héritage de souffrance de ces Églises longtemps isolées. Nous autres Occidentaux, qui avons commis des maladresses à leur égard, devons faire encore beaucoup de chemin pour gagner leur confiance. » Et frère Alois d'ajouter : « Nous devons surtout chercher le trésor qu'ils peuvent apporter à l'Occident. » Malgré la proximité institutionnelle des Églises orthodoxe et catholique romaine, le fossé culturel entre chrétiens d'Orient et d'Occident reste très important. Et les incompréhensions entre toutes les familles de la chrétienté ne seront jamais totalement surmontées. La construction d'un pont ne révèle-t-elle pas justement la largeur et la profondeur des fossés qu'il faudra franchir ?

Le chantier entrepris par la communauté de Taizé est titanesque. L'unité des chrétiens si ardemment désirée ne se fera pas en quelques années. La communauté le sait. Mais cela reste « sa » priorité. Frère Alois souligne, avec la tranquille assurance qui le caractérise : « Nous sentons que le temps est venu d'entrer dans un œcuménisme plus ambitieux, tout en restant humble, car bien des questions ne sont pas réglées. Il faut prendre en

1. On estime à plusieurs milliers le nombre de jeunes orthodoxes qui passent chaque été à Taizé.

compte les minorités qui n'arrivent pas à suivre, celles qui sont tentées par un repli identitaire. Ne mésestimons pas les résistances et les blessures. » Pourtant, l'unité de la famille humaine se vit déjà naturellement chez les jeunes, par-delà les frontières ethniques et confessionnelles. Ce qui a fait dire à l'archevêque anglican de Cantorbéry, George Carey : « Taizé interpelle de manière originale l'Église institutionnelle en nous confrontant à notre identité réelle[1]. »

Le pont que Taizé bâtit reste fragile et par essence inachevé. Mais il repose sur des fondations solides : les textes fondateurs remis en avant par toutes les traditions de la chrétienté. Il se construit aussi avec le ciment irremplaçable des rencontres interpersonnelles. Que ce soit à Taizé même qui vit au quotidien un « post-œcuménisme » ou dans des lieux plus institutionnels. Le Concile Vatican II a certainement permis des avancées et surtout des rencontres qui ont façonné le destin de cette communauté. Aujourd'hui, selon le pasteur Michel Leplay, « Taizé inaugure une nouvelle forme de christianisme ». Peut-être alors, pourra-t-il devenir une force de proposition pour un concile « œcuménique » encore en chantier ?

1. *Taizé au vif de l'espérance*, *op. cit.*, p. 227.

Chronologie

1915 *12 mai*. Naissance à Provence (Suisse) de Roger, neuvième enfant du pasteur Charles Schutz et d'Amélie Marsauche.

1920 Roger rentre pour la première fois dans une église catholique près de Neuchâtel.

1927 Déménagement de la famille à Oron. Roger fait ses études secondaires au collège de Moudon.

1931 Tuberculose pulmonaire dont il se remet difficilement. Réflexion sur l'expérience de Port-Royal-des-Champs.

1936-1940 Études de théologie à Lausanne et à Strasbourg.

1939 Roger est élu président de l'Association chrétienne des étudiants de Lausanne. Création d'un groupe de jeunes, la « grande communauté ».

1940 *20 août*. Début de la Seconde Guerre mondiale, première installation de Roger Schutz à Taizé. Contacts avec des prêtres et pasteurs à Lyon. Accueil de réfugiés, juifs notamment.

1941 *4 juillet*. L'abbé Paul Couturier vient à Taizé.

Octobre. Parution de *Communauté de Cluny. Notes explicatives*, première ébauche de la Règle de Taizé.

1942 Première rencontre avec le groupe œcuménique des Dombes et avec le jésuite Henri de Lubac. Séjour à Genève depuis l'occupation totale de la France. Première vie communautaire avec trois autres étudiants.

1943 *30 avril*. Présentation du mémoire de licence à la Faculté de théologie du canton de Vaud : *L'Idéal monacal jusqu'à saint Benoît et sa conformité avec l'Évangile*.

1944 Parution du premier livre de Roger Schutz : *Introduction à la vie communautaire*.
16 juillet. Il est consacré pasteur à Neuchâtel.
Octobre. Retour définitif à Taizé avec Max et Pierre, puis Daniel.

1945 Accueil des prisonniers allemands et d'une vingtaine d'enfants français privés de leur famille par la guerre.

1948 Mgr Roncalli, nonce à Paris, futur Jean XXIII, donne l'autorisation d'utiliser l'église romane. Première collaboration avec le père Gélineau dans la recherche du chant liturgique. Roger devient responsable de la paroisse réformée de Mâcon. Max et Daniel assurent une présence pastorale auprès des protestants de la région. Premier accueil de quelques jeunes.

1949 Engagement à vie des sept premiers frères, le jour de Pâques, dans l'église du village. Première rencontre avec le pape Pie XII, organisée par le cardinal Gerlier, archevêque de Lyon. Connaissance à cette occasion de Mgr Montini, futur pape Paul VI.

1951 Établissement d'une première fraternité « hors les murs » à Montceau-les-Mines, avec les frères Pierre et Axel.

1952 Rédaction de la Règle de Taizé.

1953 La fraternité de Montceau se déplace à Marseille. Implantation d'une fraternité à Hussein-Dey, en Algérie, puis sur les autres continents, quelques années plus tard.

1955 Refus du Conseil national de l'Église réformée de France de consacrer comme pasteurs de nouveaux frères de la communauté.

1956 Les frères de Taizé quittent leurs fonctions dans la paroisse protestante de Mâcon.

1958 Première audience avec le pape Jean XXIII.

1959 Publication de *Vivre l'aujourd'hui de Dieu*, de frère Roger.

1960 Rencontre à Taizé d'une dizaine d'évêques catholiques et d'une soixantaine de pasteurs protestants.

1961 Ouverture du chantier de l'église de la Réconciliation, dans le cadre du mouvement allemand de la réconciliation, *Aktion Sühnezeichen*.

Arrivée du premier frère anglican, Pascal.

1962 *6 août*. Inauguration de l'église de la Réconciliation.

11 octobre. Ouverture du Concile Vatican II. Les frères Roger et Max font partie des cent un observateurs non catholiques.

Première visite au patriarche orthodoxe Athénagoras de Constantinople et en Europe de l'Est.

Création à Taizé d'une coopérative d'exploitation agricole (COPEX). La communauté fait don de ses quatorze hectares de terre.

1963 *25 février*. Dernière rencontre de frère Roger avec Jean XXIII.

Un frère devient membre du nouveau « Département de recherches communautaires » de la Fédération protestante de France.

Mai. Opération Espérance en faveur de coopératives agricoles en Amérique latine.

1964 Rome accorde la possibilité aux catholiques de prier l'Office de Taizé.

Dans le cadre de l'Opération Espérance, un million de Nouveaux Testaments en espagnol et cinq cent mille en portugais distribués en Amérique latine.

Installation d'une fraternité franciscaine à Taizé.

1965 Publication de *Dynamique du provisoire* de frère Roger.

Installation de moines orthodoxes à Taizé, en accord avec le patriarche Athénagoras.

1966 Première rencontre internationale de jeunes à Taizé. Organisation de l'accueil et mise en place des « permanents ».

Arrivée des sœurs de Saint-André.

Installation d'une fraternité commune avec six franciscains dans un ghetto noir de Chicago.

1967 Veillée de prière à Saint-Germain-des-Prés, en janvier. Présence des frères au cœur du quartier Latin pour comprendre les inquiétudes des jeunes.

Inauguration à Olinda au Brésil d'une fraternité avec les frères Michel et Bruno et les bénédictins.

1968 Publication de *Violence des pacifiques* de frère Roger. Paul VI invite frère Roger à l'accompagner à Bogota.

1969 Un premier jeune catholique belge, Ghislain, fait son entrée dans la communauté, qui compte alors une cinquantaine de membres.

1970 À Pâques, annonce d'un prochain concile des jeunes.

1972 Pour la première fois, Roger et plusieurs de ses frères d'origine protestante communient à l'eucharistie catholique célébrée par l'évêque d'Autun.

1974 *Avril.* Frère Roger reçoit le prix Templeton pour le progrès de la religion à Londres.
29 et 30 avril. Convocation des frères à Rome par la Congrégation pour la doctrine de la foi.
30 août. Ouverture du concile des jeunes à Taizé.
Octobre. Frère Roger reçoit à Francfort le prix de la Paix des éditeurs allemands.
Installation d'une fraternité au Bangladesh dans un quartier déshérité de Chittagong.
Entrée d'Alois, catholique allemand, dans la communauté de Taizé.

1975 Frère Roger se rend au Chili après le coup d'État du général Pinochet.
La communauté de Taizé ne figure plus dans l'annuaire officiel de la Fédération protestante de France.
17 août. Organisation de la Journée du peuple de Dieu, en présence des présidents des Conférences épiscopales de France et d'Allemagne et du secrétaire général du Conseil œcuménique des Églises.

1976 Visite de mère Teresa à Taizé. Séjour de frère Roger avec une équipe intercontinentale, dans un bidonville de Calcutta. Rédaction de la deuxième Lettre au peuple de Dieu.

1977 *Décembre.* Séjour dans un quartier pauvre au bord de la mer de Chine.
Rencontre de Breda (Pays-Bas).

1978 Première visite en Russie.
Première rencontre européenne de Paris. Les rassemblements deviennent réguliers à la fin de chaque année dans une métropole d'Europe.
La fraternité brésilienne s'installe à Alagoinhas dans l'État de Bahia.

Début d'une vie fraternelle dans un quartier pauvre de New York.
À Nairobi au Kenya, frère Roger installe, au cours de son séjour, une fraternité dans le bidonville de Mathare Valley.

1979 Le concile des jeunes est remplacé par un pèlerinage qui prendra, en 1985, le nom de Pèlerinage de confiance sur la Terre.
Une fraternité est établie en Corée du Sud.

1980 Première rencontre européenne à Rome avec la présence de nombreux jeunes de l'Est. Rencontres en Allemagne de l'Est.

1981 Visite de frère Roger en Tchécoslovaquie.

1982 *26 septembre*. Rencontre difficile à la Fédération protestante de France.

1983 Visite de frère Roger à Budapest, en Hongrie.

1985 Première rencontre intercontinentale en Asie, à Madras. Les rencontres à l'Est se déroulent dans des conditions toujours difficiles.
2 juillet. Frère Roger se rend aux Nations unies, à Genève, avec des enfants de tous les continents, pour porter au secrétaire général, Javier Perez de Cuellar, un message de confiance entre les peuples.

1986 *5 octobre*. Visite du pape Jean-Paul II à Taizé. Rencontre de jeunes à Berlin-Est.

1987 *3 mai*. Ordination à Naples, comme prêtre catholique, de Max Thurian, l'un des premiers frères de Taizé, théologien du groupe des Dombes d'origine protestante.

1988 *Septembre*. Frère Roger reçoit à Paris le prix UNESCO d'éducation à la paix.
Rencontre européenne de Paris avec de nombreux participants de l'Est.

1989 Envoi par l'Opération Espérance d'un million de Nouveaux Testaments à l'Église orthodoxe russe.
Attribution à frère Roger du prix Charlemagne, à Aix-la-Chapelle.
Rencontre Est-Ouest des jeunes à Pecs en Hongrie, six mois avant la chute du mur de Berlin.
Première rencontre européenne à l'Est, à Wroclaw (Pologne).

1990 Les frères sont invités à animer des prières lors de la Conférence des évêques asiatiques de Bandung, en Indonésie.

1992 *Août.* L'archevêque de Cantorbéry, George Carey, passe une semaine à Taizé avec mille jeunes anglicans.
Remise à Strasbourg du prix Robert-Schuman à frère Roger pour sa contribution à la construction européenne.
La fraternité africaine se déplace du Kenya au Sénégal, à Dakar.

1994 Visite à Taizé des quatorze évêques luthériens suédois.

1995 Rencontre internationale des jeunes africains à Johannesbourg, en Afrique du Sud.

1998 Frère Roger présente au Conseil de la communauté frère Alois comme son successeur.

2005 *8 avril.* Frère Roger assiste aux obsèques de Jean-Paul II à Rome.
En juillet, il publie *Pressens-tu un bonheur ?*
16 août. Le fondateur de la communauté de Taizé est poignardé au cours de la prière du soir dans l'église de la Réconciliation. Frère Alois lui succède comme prieur.

2006 Frère Alois est reçu par le pape Benoît XVI, le patriarche Bartholomée de Constantinople, le patriarche

Alexis II de Moscou, et il se rend à l'Assemblée générale du Conseil œcuménique des Églises au Brésil.

Dès 2006 Le « Pèlerinage de confiance sur la Terre » s'élargit. Aux rencontres européennes annuelles (Milan 2005, Zagreb 2006, Genève 2007, Bruxelles 2008, Poznan 2009, Rotterdam 2010) s'ajoutent désormais des rencontres internationales sur les autres continents, en Asie (Calcutta 2006, Manille 2010), en Amérique latine (Cochabamba 2007, Santiago 2010) et en Afrique (Nairobi 2008).

Table

REMERCIEMENTS 7

INTRODUCTION. Bâtisseurs de ponts 9

I. Roger : un héritage qui traverse les frontières 13

Père, mère… et grand-mère 14

Bercé par la lecture de Port-Royal 15

Tu seras pasteur, mon fils 17

Des étudiants réformés pour la paix 17

Un héritage enraciné dans le renouveau protestant 18

À l'école de lointains précurseurs 20

II. Aux sources d'un nouveau monachisme 23

Des diaconesses de Reuilly aux Veilleurs 24

Une floraison de fondations
après la Seconde Guerre mondiale 25

Les études, puis la guerre à Taizé 26

De l'abbé Couturier à « la communauté de Cluny » 28

Ora et labora, ut regnet 29

Le groupe des Dombes et Henri de Lubac 30

« L'idéal monacal » dans la ville de Calvin 31
Les Pères de l'Église et la vie communautaire 33
Une vie fraternelle à la franciscaine 34

III. Les premiers pas de la communauté (1944-1952) 37
Travail manuel et intellectuel… 37
Accueil des prisonniers allemands et des enfants 39
Quand l'habit fait le moine… 40
Mgr Roncalli et l'église romane 41
Des psaumes huguenots à Joseph Gélineau 43
Pasteurs de Mâcon et sa région 44
Naissance de la Règle de Taizé 45
Les premiers engagements à vie… 46
… avec l'aide du Saint-Esprit 48

IV. Réconciliation et ouverture œcuménique (1953-1962) 51
Pionnier des rencontres œcuméniques 52
Une porte entrouverte par Pie XII 54
Le tournant décisif avec Jean XXIII 56
Athénagoras et le pont vers l'Orient 57
Le chantier franco-allemand et l'église de la Réconciliation 59

V. Vatican II : un tournant dans l'histoire (1962-1965) 63
Une assiduité de plus de trois ans 64
Les évêques à la table des frères 66
Des hôtes inattendus 67
Les oui d'Ottaviani 68
L'anneau de Manoelito 69
Opération Espérance pour l'Amérique latine 70

Des fruits généreux, mais parfois amers 72
Entre Écriture et tradition 74
L'unité passe par des hommes 75
Organiser l'accueil des jeunes 76

VI. Début des années soixante : une ouverture tous azimuts 79
Les premières fraternités « hors les murs » 79
Les initiatives sud et nord-américaines 81
Le travail manuel des frères 82
Une coopérative agricole 83
Un « metochion » orthodoxe à Taizé 84
Un long compagnonnage avec les franciscains 85
La souffrance de la séparation 87
L'arrivée des religieuses 88
Depuis 1966, les sœurs de Saint-André 89
Le premier frère catholique 90

VII. Les revers de l'ouverture ou l'inconfort des ponts 95
Un contentieux précoce avec les réformés français 96
L'incompréhension s'aggrave 98
Deux parcours divergents 100
Une double image contradictoire chez les catholiques 101
1974 : convocation au « Saint-Office » 103

VIII. Rendez-vous avec les premières foules (1965-1975) 107
Des jeunes chaque année plus nombreux 108
Des permanents à la rescousse 109
De sourdes révoltes à l'horizon 110

1968 *annus terribilis* 112
Annoncer une « joyeuse nouvelle » 113
La préparation du concile des jeunes 115
« Il est venu ce jour… » 116
Sentiment mitigé et interrogations à la clé 117
Vers le Pèlerinage de confiance sur la Terre 119

IX. Taizé hors les murs 121
Lutte et contemplation en Amérique latine 123
Être signe de contradiction en Afrique 125
La communion asiatique 128

X. Une tête de pont vers l'Est (1970-1989) 133
Désormais, les jeunes chrétiens s'affichent 134
La chute du Mur fait monter l'affluence 136
Des liens qui remontent à 1960 137
Un réseau qui se tisse partout 138
Le rôle déterminant du Concile 140
Des liens avec l'orthodoxie russe 141
Une pépinière de leaders de l'après-communisme 142
Un contre-modèle au matérialisme 143

XI. La consécration 145
La tribune internationale des prix 145
Si tu ne vas pas à Taizé…
Trente ans de rencontres européennes 147
Étonnante école de responsabilité 150
« Comme on passe près d'une source »,
avec Jean-Paul II 152

XII. Des tensions qui s'apaisent (1986-2000)................. 155
1987 : Malaise autour d'une ordination « secrète » ... 157
Des suspicions de conversion à l'égard du prieur 160

Vivre toutes ses racines sans exclusivisme 161
Arrêter de ressasser le passé 163
Vers Genève 2007 164
Au village, un vent d'incompréhension 165
La rencontre au quotidien 167

XIII. Le secret d'une éternelle jeunesse 171
Une écoute qui rend visionnaire 172
Une confiance jamais contredite 174
Le ciment de la prière 175
Le chant comme liberté... 177
Une variété de registres.. 179
Une communauté qui se renouvelle 180
Un consensus communautaire tacite 182

XIV. Un pont avec le monde de l'incroyance 185
Célébrités reconnues, anonymes inattendus 186
Les Pentecôtes de Mitterrand.................................... 188

XV. Taizé, figure d'unité 193
La continuité 193
Et pourtant la grande nouveauté 195
Le mystère de l'Église-Communion 197
La communion au quotidien 199
Pèlerinage de confiance sur la Terre 200
Taizé, ce lieu d'Église aimé des jeunes..................... 201
Élargir avec frère Alois 203

CONCLUSION. Des ponts toujours en chantier 205

Chronologie 209

RÉALISATION : NORD COMPO À VILLENEUVE D'ASCQ (59650)
IMPRESSION : NORMANDIE ROTO IMPRESSION S.A.S., À LONRAI (61250)
DÉPÔT LÉGAL : MARS 2008. N° 95341-6 (13-4394)
IMPRIMÉ EN FRANCE